基金投资信札

刘入领◎著

海天出版社
HAITIAN PUBLISHING HOUSE

·深圳·

图书在版编目（CIP）数据

基金投资信札 / 刘入领著. — 深圳 : 海天出版社,
2022.5
ISBN 978-7-5507-3432-6

Ⅰ.①基… Ⅱ.①刘… Ⅲ.①基金-投资 Ⅳ.
①F830.59

中国版本图书馆CIP数据核字(2022)第042800号

基金投资信札
JIJIN TOUZI XINZHA

出 品 人　聂雄前
策划编辑　魏甫华
责任编辑　韩海彬　徐娅敏
责任校对　董治钥
责任技编　郑　欢
装帧设计　知行格致

出版发行　海天出版社
地　　址　深圳市彩田南路海天综合大厦（518033）
网　　址　www.htph.com.cn
订购电话　0755-83460239（邮购、团购）
设计制作　深圳市知行格致文化传播有限公司 Tel：0755-83464427
印　　刷　深圳市华信图文印务有限公司
开　　本　787mm×1092mm　1/16
印　　张　13.5
字　　数　164千
版　　次　2022年5月第1版
印　　次　2022年5月第1次
定　　价　68.00元

献给
所有基金持有人和
潜在的基金投资者

作者简介

ABOUT THE AUTHOR

刘入领，经济学博士。1999 年至 2006 年任职于招商证券，先后担任研究所总经理助理、战略部负责人、理财发展部总经理等职务。2006 年至 2013 年任职于安信证券，担任总裁助理，并先后兼任营销服务中心总经理、安信期货董事长和资产管理部总经理。2013 年至今，任职于安信基金，任总经理。

投资理财是人生必备技能

如果有人愿意替你打工，赚的钱全部归你，他自己一分钱不要，你是否很乐意呢？你会说，当然，这样的好事谁不想要呢！其实每个人都可以拥有这样一个打工者，那就是你的投资理财组合。

人的收入可以分为两种：一种是劳动报酬，上班族挣到的工资、奖金就是这种收入；另一种是投资收益，就是把自己积攒下来的钱拿去投资所获取的收入。每个人一辈子过得是富足还是贫困，既取决于他的劳动报酬有多少，也取决于他能获得多少投资收益。多数人对前者都十分重视，无论是努力考取一所好大学还是千方百计进入一家好企业，最终都是为了获取较高的工资和奖金，但许多人对投资收益重视不够，以至于严重影响自己的生活质量。有投资理财意识的人和不具备这种意识的人，他们的人生会相当不同。而且随着年龄的增长，这种差异会越来越显著。著名投资人彼得·林奇曾经生动地描述过这种差异形成的过程。他在《彼得·林奇教你理财》一书中讲述了一个关于投资理财的现代寓言——乔和萨莉的故事，把"你不理财，财不理你"的道理剖白得十分透彻。我们一定要培养起自己的投资理财意识，要尽可能早地攒下投资所需的资金，开始自己的投资生涯，要持续不断地扩大自己的投资本金，以获取更多的投资收益。

但是，仅仅具备投资理财意识就够了吗？你拿钱去投资，既有可能赚钱，也有可能亏钱。与其投资亏钱，还不如不去做投资。两年前的某一天，一位多年失联的同学大磊（化名）辗转找到我，说要请教我股票投资方面的事情。得知他希望详谈，我就和他约好了晚上通话。在当晚长达一个多小时的通话中，大磊给我讲述了十几年来他在股市中经受的种种蹉跌和折磨。在某个省会城市做公务员的他，把这些年挣的钱几乎全部亏在了股市里。我的心情随着他的讲述不停地下沉，我替他感到难过。临放下电话时，我竟不知如何安慰他，也不知道应该给他什么提示，因为他缺少一些最基本的投资知识和技能，几乎犯了投资领域全部常见的错误。就是在那一刻，我萌生了写这本书的念头。我希望通过把一些最浅显也最重要的投资信条告诉像大磊那样的普通投资者，让他们步入投资理财的正轨，避免遭受不必要的亏损。大磊的例子告诉我们，除了投资理财意识之外，我们还必须学会基本的投资理财技能。

许多不是专业投资者的普通人，都把掌握投资理财技能视为畏途，觉得太难。我认为这是一个普遍的误解。一方面，正确的投资思想往往是相当简单的，稍加努力就可以透彻地理解清楚，正所谓道不远人；另一方面，市场上存在各种各样的专业投资机构和合规、可靠的投资理财产品，可以帮助普通人落实自己的投资思想。在掌握了正确的投资思想之后，借助专业机构和正规产品，普通人就不必花费大量精力和时间寻找特定的投资标的（比如某只股票）和管理投资组合，同时又能获取较好的投资理财效果。

换言之，投资理财技能可以采用以下"两步走"方式获取：第一，学懂正确的投资思想；第二，学会挑选专业的投资机构和合适的理财产品。

本书的目的，就是与各位读者讨论上述两个问题，在讲透正确投资理念的同时，告诉大家如何挑选可以信赖的投资机构和适合每个人情况的理财产品。

在撰写本书时，我们假定读者并非专业投资人员，也不具备多年的投资经验。这绝不是对读者的轻视，而仅仅是为了把一些基本问题讲述清楚，让普通投资者更容易明白。

目 录

C O N T E N T S

投资理念篇

投资实践篇

基金投资篇

投资问答篇

乔和萨莉的故事

  乔是沃尔玛的一名职员。他住在父母家里，为了购买一辆价值20000美元的敞篷雪佛兰轿车，他节衣缩食攒钱支付了2000美元的首付款，又借了18000美元的汽车贷款，当然，他的父母不得不为这笔贷款担保，由他来偿还贷款。这是一笔利率为11.67%的五年期贷款，也就是说，乔每个月要还给金融公司400美元。当他第一次封上信封吻别400美元时，他的确很难受。但是，当他开着雪佛兰轿车四处兜风时，他的朋友都赞叹奇酷无比，这时他已经完全将当时的难受感觉抛之脑后了。

  几个月后，乔的雪佛兰轿车车门上有了刮痕，车垫上有了污渍，车驶入停车场时再也听不到赞叹声。现在，这只是一辆普通的车了，但是，乔却负债累累，身陷分期付款的压力之下。为了负担这辆好车及兜风约会的花销，乔不得不加班加点，以至于无暇顾及兜风约会。

  五年后，乔早已厌倦了他的雪佛兰轿车，这辆车也早已威风不再了。他终于付清了汽车贷款，还多付了6000美元的利息。也就是说，乔为他的车花了26000美元，这还不包括各种税费、保险费、油费和维修费。

这时，雪佛兰轿车已经污渍斑斑，引擎也嗡嗡作响。如果转卖这辆车，估计也只能卖 5000 美元。因此，乔 26000 美元的投资回报只是一辆价值 5000 美元的旧车。

　　萨莉同样住在父母家里，她也在沃尔玛做收银员，工作岗位与乔近在咫尺。但她不崇尚酷车，只是拿自己积攒的 2000 美元买了一辆二手的福特车。因此，她能每月花 400 美元投资一只股票型基金，而不必支付汽车贷款。

　　五年后，当乔还在支付他最后一期汽车分期贷款时，萨莉投资的股票型基金市值已经翻番了，萨莉这时已经拥有了 30000 美元的资产。她仍然在开福特二手车上下班，但她从来不用担心车身上的刮痕和污渍，因为这只是她的交通工具，而不是一项投资。

　　当我们结束这个理财故事时，萨莉已经有了足够的钱来付自己房子的首付，并搬出父母的房子，但乔还在"啃老"。他曾经想和萨莉约会，但萨莉却喜欢上了带自己看房子的房产经纪人。

＊本文摘自彼得·林奇、约翰·罗瑟查尔德著《彼得·林奇教你理财》，宋三江、罗志芳译，机械工业出版社，2018 年 7 月版，第 74 页，有改动。

关于股票类投资的 20 道测试题

这 20 道题目用来测试你的投资理念、股票投资知识、基金投资知识等。请你先完成测试，在阅读本书的过程中体会你所给出的答案是否正确。这些题目均为单选题，参考答案将在本书最后给出。

1. 在一次同学聚会上，你听到同学们都在热情地谈论新一轮牛市，并且有几位同学宣称所买的股票价格都已经翻倍了，甚至有同学当场给你推荐了几只股票，声称它们将会大幅上涨。这时你会有什么反应？

　　A. 觉得牛市已经来临，决定第二天就买入同学推荐的股票

　　B. 觉得牛市已经结束，决定第二天就卖出持有的股票

　　C. 感觉股市受到太多关注，股价已经过高

　　D. 继续遵循原来的投资逻辑，对所持股票不采取任何行动

2. 看电视新闻时，你了解到股票指数遭受重挫，创下年内的新低。这时你会有什么反应？

　　A. 觉得非常沮丧，准备卖出持有的股票，止损认赔

　　B. 心中欢喜，准备去看看心仪的股票跌到什么程度了

　　C. 给证券营业部客户经理打电话，听听他／她的意见

　　D. 上网查看"大 V"的意见

3. 当你投资一家上市公司的股票时，你认为投资收益的来源是哪种？

    A. 上市公司经营赚取的净利润

    B. 你在股票市场高抛低吸赚取的价差

    C. 大牛市带来的估值水平上升

    D. 大股东回购股票带来的股价上升

4. 如果一个熟人告诉你，他有一个投资项目，每年有20%的投资收益，而且没有任何风险，你会有何反应？

    A. 这么好的项目，赶紧抓住机会投资

    B. 天上不会掉馅饼，这不可能是真的

    C. 既然是熟人介绍的，肯定没有问题

    D. 多拉几个朋友一起投资，分散风险

5. 对个人投资者而言，一般多长时间不会用到的钱才适合用于购买股票或者认购权益类基金？

    A. 三个月

    B. 六个月

    C. 一年

    D. 三年

6. 你认为投资股票赚取较好收益的关键是什么？

    A. 长期投资

    B. 逆向投资

C. 选对股票

D. 挑对行业

7. 通过以下哪种方式得到的股票才值得买入?

A. 发小或老同学推荐的

B. 著名博主或者"大 V"推荐的

C. 自己认真研究过心中有数的

D. 著名投资人在一场沙龙中提到的

8. 截至 2020 年中期,中国股市的主要投资者,或者说持有最多流通市值的一类投资者是以下哪种?

A. 公募基金

B. 私募基金

C. 保险公司

D. 个人投资者

9. 2021 年年底,在中国 A 股市场挂牌交易的股票大概有多少只?

A. 3300

B. 4700

C. 5500

D. 6600

10. 2021 年年底,中国沪深两市上市公司流通市值大概是多少?

A. 50 万亿

B. 75 万亿

C. 80 万亿

D. 90 万亿

11. 截至 2021 年年底，中国的公募基金产品大概有多少只？

A. 3500

B. 5500

C. 7300

D. 9300

12. 截至 2018 年中期，中国公募基金行业成立以来，所有权益类基金 ① 的平均年化收益率大概是多少？

A. 8%

B. 12%

C. 17%

D. 22%

13. 截至 2021 年年底，中国公募基金行业所管理的资产规模大概是多少？

A. 10 万亿

B. 15 万亿

---

① 本书中"权益基金"或者"权益类基金"涵盖标准股票型基金和偏股混合型基金。"股票型基金"一般指的是"标准股票型基金"，也就是正常情况下股票仓位不得低于80%的基金。除非特别指明，本书讨论的"基金"都是指权益类基金。

C. 20 万亿

D. 25 万亿

14. 中国基金投资者平均持有所投资基金的时间长度大概是多长？

A. 3 个月

B. 6 个月

C. 12 个月

D. 18 个月

15. 上证指数有史以来的年化收益率（含分红）大概是多少？

A. 6%

B. 9%

C. 14%

D. 18%

16. 长期来看，在中国公募基金行业，业绩排名前 10% 的基金经理大概能获取多少个百分点的超额收益（超过指数基准几个百分点）？

A. 5

B. 8

C. 11

D. 15

17. 中国公募基金行业中最优异的五年期权益类基金的投资业绩其年化收益率大概是多少？

A. 18%

B. 23%

C. 28%

D. 32%

18. 银行理财经理向你推荐了以下几款权益类公募基金。你会买入其中哪一款？

A. 去年的业绩冠军

B. 三年的业绩冠军

C. 五年的业绩冠军

D. 去年业绩最差的那只

19. 你认为什么样的基金经理最可靠？

A. 每年都能选对行业的基金经理

B. 投资理念清晰并且言行一致的基金经理

C. 经常被其他基金公司挖角身价很高的基金经理

D. 经常接受媒体采访曝光度很高的基金经理

20. 你认为基金经理最应该做好的事情是什么？

A. 要经常见持有人，以便面对面地交流

B. 市场波动时，要立即给出对后期市场的明确判断

C. 要专心研究股票，挖掘到好股票

D. 要认真研究市场热点，及时踩对节奏

第一章

让普通人受益终身的投资思想

在二十余年的证券基金从业经历中，我曾经认真研究过各种各样的投资思想和方法，对其中不少方法都做过认真的尝试，我得出的结论是：只有价值投资才是真正科学的投资思想和方法论。如今，打着价值投资旗号的人遍地都是，但每个人所理解和践行的价值投资都有可能不同。普通投资者往往被许多"专家"的复杂表述和故作高深的"噱头"所迷惑，不能准确、清晰地理解价值投资的思想精髓。我认为，价值投资的基本思想是极为简单和清晰的，也非常容易理解和掌握。在本章中，我将向读者讲述我所理解的价值投资。

第一节
价值投资思想极简版

一、对价值投资最简明的概括

价值投资就是用好价格去买好股票。

所谓好股票就是能够长期持续创造利润的公司所发行的股票。好股票的内在价值是不断增长的。

所谓好价格就是明显低于股票内在价值的价格。价格低于内在价值越明显，投资越安全。

投资获利的过程就是等待价格向内在价值回归的过程，也是内在价值不断成长的过程，而这需要时间，所以价值投资往往是长期投资。

发现好股票需要深入扎实地研究，直到完全弄懂上市公司，能够准确判断其内在价值，所以价值投资一般遵循"自下而上、精选个股"[①]原则。

要获得好价格通常必须在其他投资者不敢买、不愿买的时候去买股票，所以价值投资往往是逆向投资。

"往往"并不是"必然"，例外的情况总是有的。比如有人能够利用"自上而下"的方法挑出好股票，有人能够利用某个行业或个股的特

[①] "自下而上"或"自上而下"是投资圈常用的概念，这里的"上"指的是宏观层面，比如经济增长速度、财政政策、货币政策等。"下"指的是微观层面，比如上市公司经营情况、盈利增速等。有时还会提到"中"，指的是行业、产业层面，比如产业政策、行业竞争格局等。第二章第一节将进一步解释这些概念。

点快速"杀入杀出"，有人则宁愿"做右侧"，也就是待市场向上的趋势确立后再买入，这些人都有可能赚钱。但是基本的原则他们仍然要遵守。比如"看不懂的股票不买""高估的股票不买"，等等。否则，他们所从事的就不是价值投资，亏钱的概率会大于赚钱的概率。

以上就是价值投资的基本思想。确实很简单吧！

二、价值投资的常见概念

（一）内在价值

通俗地讲，一只股票"实际上"值多少钱，就是它的内在价值。这个"实际上"反映了价值投资践行者对股票价值的"客观性"的追求。在实际操作中，无论我们怎样努力，仍然不得不对估值模型中的一些变量做出主观估计，比如对折现率的估计，所以"内在价值"做不到完全客观。尽管如此，价值投资者依然认为，在任何具体的时间点，一只股票的内在价值是既定的，是由一系列客观条件决定好的。

（二）安全边际

在投资实践中，无论你多么努力地去做研究，仍然会面临很多的不确定性。比如当你买进股票后，央行有可能加息，进而可能导致市场指数下跌；有可能发生自然灾害，导致上市公司生产经营停顿，股票大跌，等等。所以投资者必须找到一个一般性的方法，来补偿这种不确定性。这种方法就是要求股票的价格更低，也就是要求股票的买入价格明显低于其内在价值。所谓安全边际就是内在价值高过买入价格的差额部分。差额越大，投资就越安全。

（三）护城河

买股票就是买上市公司的未来。上市公司的未来很难判断，即使现在利润丰厚的公司未来也有可能亏损。投资的要义就在于找出未来利润能够持续增长的公司。那么，如何判断一家公司有没有持续增长能力呢？价值投资者提出了一个重要的概念：护城河。简单地讲，护城河就是一家上市公司拥有的、其他企业无法模仿和追赶的核心竞争力。它有可能来自这家企业的品牌，也有可能来自其核心技术，有可能来自其垄断的自然资源，也有可能是政府授予的稀缺牌照。

（四）能力圈

每个人的认知能力都是有限的。一个人穷其一生，能够弄懂、看透的股票是十分有限的。能力圈就是一个人（一家机构）拥有认知优势的领域，这个领域可以是某一个或几个行业，也可能是某一个或几个投资品种。价值投资理论认为，投资者应该知道自己的能力圈大小，并把投资活动限制在自己的能力圈以内，否则，就有可能遭受严重的损失。

三、价值投资的流派

为了增加大家对价值投资的了解，做到知根知底，下面我给大家梳理一下价值投资的渊源与流派。

20世纪20年代至40年代，是价值投资的滥觞时期。从一开始，格雷厄姆和费舍就开创了两种不同的投资思路：一种注重买得便宜，一种看重企业成长性。我们把这两个流派习惯地叫作价值派和成长派。这两个流派在其后的每一代专业投资人中都有杰出的代表人物。比如采用低市盈率投资法的约翰·聂夫就是价值派，而提出"一只（好）股票就够了"的弗里德里克·科布里克则是典型的成长派。巴菲特早年继承的是价值派的衣钵，中年受到费舍和芒格的影响，接受了成长派的思想，他的投资风格变得更加成熟，是价值投资的集大成者。

第二个维度是投资的集中度。用这个维度来区分，价值投资可以分为重仓派和分散派。不少人强调看准好股票后要敢于下重注，每个投资组合的持股数量为5~10只，最多不要超过20只，这是重仓派。另外一些人则认为只要是好股票就可以投，分散化既是降低风险的需要，也是捕捉投资机会的需要，一般实质持有的股票数在30只以上，甚至上千只。前者多数是私募机构或个人，后者则多数是公募基金。彼得·林奇所管理的基金就曾经同时持有上千只股票。

第三个维度是持股时间。按照这个维度来区分，价值投资可以分为长期派和周期派。根据《价值投资的艺术》一书[①]介绍，典型的价值投资者持股的"标准时长"是7年，再短也需要3~5年。另外一些投资者则认为：买股票的目的就是要卖出，股票到了目标价位或者发现有更好性价比的股票时，就应卖掉手中的股票，投资周期类股票时更应该如此。

---

① 《价值投资的艺术》（ *The Art of Value Investing* ）一书的第二作者是Whitney Tilson，这个人同时也是国内流传较广的一本书《穷查理宝典：查理·芒格的智慧箴言录》中"第三章：芒格主义"的采写人。他一度是美国最有名的对冲基金经理之一，这几年关于他的负面消息较多，但我想这无损于他之前为价值投资理念传播所做的贡献，这里仍然引用了他书中的观点。

第四个维度是风险态度。按照这个维度分，价值投资可以分为风险锚定型与风险权衡型。前者以耶鲁基金会的斯文森为代表，他的做法可以概括为两条：第一，基于自上而下的分析确定每年度的风险敞口，主要体现为权益类资产的比例，并建立一个尽可能分散的资产组合；第二，根据各类资产的价格涨跌实施动态再平衡，维持风险敞口不变。他的一句名言最能够代表他的投资风格：Focus on the downside, the upside will take care of itself very well。其他的价值投资者，尤其是部分管理公募基金的投资大师们，通常采用权衡风险收益比的方法来决定买卖股票，我们姑且称之为风险权衡流派。风险锚定的投资思路特别适合于投资目标非常明确的投资者，这里的投资目标包括收益目标，但主要指收益的确定性，也就是不能承担过高的风险。风险锚定的投资方法看起来一点也不"性感"，但却非常有效。

价值投资还有其他一些流派，比如以邓普顿为代表的逆向投资派，以博格为代表的指数投资派，等等。

需要强调的是，这些流派的区分都是相对的，因为它们都遵循价值投资的理念，所以在根本上都是相通的。在投资流派这一部分，各位可以读到"往往"以外的诸多可能性，能够更好地理解"'往往'并不是'必然'"这句话，并明白价值投资是一个颇具包容性的方法论体系。

图 1 是我绘制的一幅示意图，我叫它"价值投资的罗盘"。用这幅图，我们可以把价值投资体系内的不同主张和它们之间的分野标示得清清楚楚。这可以作为划分价值投资流派的另一种方法——更加概念化的划分方法。这里列出来，希望能对大家理解价值投资的方法论体系有所帮助。

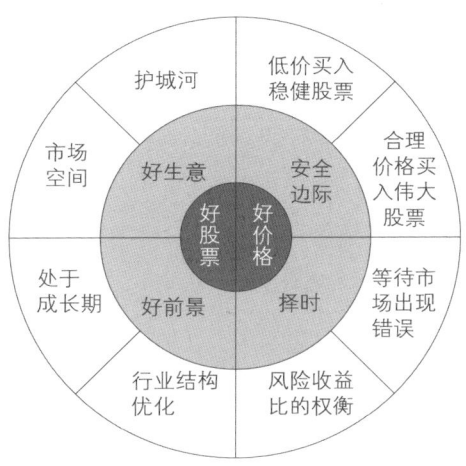

图 1　价值投资的罗盘

第二节
价值投资思想的精髓

价值投资思想诞生近百年来，经受住了市场的检验，它有骄人的战绩，并且在越长的时间框架里它的胜率越高。相反，几乎任何其他投资方法都被证伪了。价值投资有几条思想的精髓，决定了它是值得信赖的投资方法论。

一、理性原则

价值投资有清晰的逻辑，符合理性原则。我们只需要几分钟时间就可以把价值投资的方法论给一个"投资素人"讲清楚，为什么呢？因为它符合认知的规律。许多其他投资方法是靠归纳法总结出来的，另外一些投资方法则是误将相关性当作因果关系，甚至把偶然性当作相关性，因而不可信。价值投资则充分依赖个人的认识能力、学习能力、逻辑推理能力，把投资方法论建构于演绎法和理性原则之上，其体系内部是完全自洽的。

在践行价值投资思想时，我们应该时时刻刻保持理性。我特别赞赏的一句话是"清明在躬，慧星朗照"。在投资决策时，既不能受其他人情绪的影响，也不能受自己前期决策和当下所持仓位的羁绊，而要力争让每一个决策都是理性的。

二、保守原则

研究价值投资思想时，你会发现它从头到脚都体现着一种健康的保守思想。安全边际、能力圈等无一不是保守思想的体现。巴菲特的名言"投资的第一原则是不要亏损，第二条原则就是永远不要忘记第一条原则"，生动体现了这种保守思想。"看不懂的不投，高估的不投"，是价值投资者的口头禅。在发掘"好股票"的过程中，看好一只股票需要许多个理由，否定一只股票只需要一个理由。

三、独立原则

价值投资最重要的思想之一是投资者在做决策时应该保持真正的独立。既不盲目从众，也不为了逆向而逆向，更不能受前期投资决策的羁绊。"市场先生"是价值投资者对市场上其他投资者所组成的群体的一种拟人化的称呼，在处理与市场先生的关系时，价值投资者不会受其误导和裹挟，而是保持独立思考，按理性原则出价，从而牢牢把握住对市场先生的主动性，从其错误报价中获益。

以上三个原则共同构成价值投资的要义，它们互相支撑，彼此相洽，缺一不可。**理性原则是基础**，依据理性原则才能形成对股票价值的正确判断。**保守原则是风控手段**，坚持保守原则才能形成对投资者有利的胜率和赔率，让投资获益变成大概率事件。**独立原则是心法**，坚持独立原则才能贯彻好理性原则和保守原则。没有理性原则，保守原则将失去参照系（相对什么保守呢），独立原则将没有根据地（依据什么判断市场先生的状态呢）。没有保守原则，理性原则就会失去防护，使投资行为显得过于鲁莽，独立原则也不能给出正确的出价，处理不好与市场先生的关系。

第三节
普通人如何活用价值投资思想

价值投资思想内容非常简单，对有些人而言，一点就透，只需花几分钟时间就能理解它的奥义。但对另外一些人而言，即使你给他不厌其烦地讲上几个月，他可能仍然无法理解价值投资思想。本节我们换个角度，从普通人的角度探讨一下如何接受和活用价值投资思想。

一、股票价格下跌时应感到开心

如果你要买一双鞋子，这时鞋子价格正好下跌了，你是应该开心还是应该难过？答案很清楚，我们应该感到开心。那么，同样的道理，当你要投资股票时，股票价格下跌了，你应该感到开心还是难过？对这个问题的回答，理性上也应该是感到开心，但是很多人的第一反应往往是感到沮丧。这是一个价值投资者首先要克服的错误情绪。某一天，当我们听说股票指数下跌的消息时，我们应该感到开心，因为股票的性价比在提高，好的投资机会就要来了。反之，如果股票指数节节上升，我们要感到忧心忡忡，因为股票的性价比在变差，投资的风险正在变得越来越大。

二、把自己看作上市公司的股东

买股票赚的究竟是什么钱？有人说是股票价格涨跌形成的价差。持这种观点的人会过分关注股票价格的波动，精神高度紧张，其投资行为往往被市场情绪带着走，跟着"市场先生"走了，从而失去了对独立性原则的坚守。

正确的答案应该是：买股票能赚到的钱就是上市公司赚到的利润。当我们买入并持有一只股票时，我们就成了该公司的股东。当上市公司利润增加时，它会增加分红，分红剩下的部分会转化为股东的所有者权益，分红和所有者权益的增加就是我们买入该股的投资收益。从实质上讲，投资股票所赚的钱都来自企业利润。长期来看，投资所能期望的收益率应基本与上市公司的净资产收益率（ROE）相当。

如果我们是这样看待投资收益的来源，就相当于把自己看作上市公司的股东，那么我们就会把绝大部分注意力放在挑选好股票上。我们的心就可以非常沉静和专注，不会在市场指数涨跌等问题上耗费太多的精力，我们的决策也就是理性和独立的。

三、用长期眼光看投资机会

长期内市场的涨跌是有规律的，它主要受经济周期影响。短期内市场的涨跌是没有规律的，它受到太多的噪声和情绪化因素的影响。股票价格绝对数值的高低变化是没有规律的，因为每股对应的利润和净资产都是不确定的，但股票的估值水平涨落则是有规律的，它反映的是人们对待风险的态度呈现周期性的变化。

既然长期内的规律更为清晰、更易把握，我们就应该习惯于用长期眼光看投资机会。我们要重视市场估值水平在长周期里处于多少分位，是在周期的哪个阶段。如果它处在 10 分位，我们就应该加仓；如果它处在 90 分位，我们就应该减仓[①]。如果它处在周期的高点回落阶段，我们就应该暂时脱离市场或者去做空市场；如果它处在周期的低点回升阶段，我们就应该积极参与市场去做多。

既然短期内的市场波动是无法准确预测的，即使偶尔预测准了也不过是巧合，我们就不应该在此类事情上浪费精力。

你会发现，当你这样进行投资操作时，你往往在与市场情绪反向而行。当市场处于 90 分位时，正是投资者群情激昂纷纷杀进股市的时候，而你却要离开市场了；反之，当市场处于 10 分位时，正是投资者情绪极为低迷，纷纷斩仓离开股市的时候，你却要积极参与市场去做多了。

没错，这就是价值投资者特立独行的地方！

---

① 这里我们用 10 分位表示最低的 10% 区间，用 90 分位表示最高的 10% 区间。也可以把它们分别表达成"最低 10 分位"和"最高 10 分位"。在本书的第四章第一节，我们将认真讨论"长周期估值区间的分位值"这个概念。

第二章

专业机构如何践行价值投资理念

价值投资不仅适用于普通的个人投资者，也被众多的专业投资机构奉为圭臬。专业机构投资者能够充分利用团队的力量，在精细化分工的基础上，加强投资团队与研究团队的配合，把价值投资的优势发挥到极致。本章的目的是让普通投资者增加对基金公司的了解，尤其是知晓基金公司是如何践行价值投资理念的。这种了解对于普通投资者消除对基金公司的神秘感、学会鉴别一家基金公司是否真正地奉行价值投资理念，都是十分有用的。

第一节
自下而上精选个股是基本打法

投资活动是一个完整的过程，它包括大类资产配置、选股、择时、组合管理、交易等具体工作，把哪部分工作当作最重要的工作代表着不同的投资方法和理念。价值投资者往往把选股当作最重要的工作。选股的方法又可以分为"自上而下"以及"自下而上"两种，前者是指从宏观经济到行业再到个股的选股方法，后者是指从公司自身基本面出发兼顾行业和宏观因素的选股方法。价值投资者一般选择自下而上的选股方法。由于价值投资者的选股标准相当苛刻，能够入选的股票数往往并不太多，因此又称"精选"个股。

一、自下而上的选股方法

（一）为什么要坚持"自下而上"

因为自下而上的方法更简单，把握性更强。

自下而上的方法从个股入手，首先搜集与个股估值相关的财务数据、经营管理信息等微观数据；其次关注与个股直接相关的竞争格局、行业发展空间、产业政策、生产技术等中观信息；最后关注会影响个股价值变化的风险偏好、折现率水平、流动性松紧、技术环境变化等宏观因素。这三个层面的因素与股票价值的相关性依次递减，后两个层面的因素只需研究其中关系紧密的，对于不相关的因素则不予研究。这样，一上来就抓住了最重要的研究点，即微观因素，对中观因素进行了较多的取舍，对宏观因素则进行更大程度的扬弃，只研究其中极少的相关的内容。在选择中观和宏观研究课题时，一般会依据下一层级的研究成果，比如，如果通过微观研究发现必须关注整个行业的技术迭代，那就可以把生产技术列入中观研究的重点之中；如果通过微观研究发现企业经营很少受技术更新的影响，则可以在中观研究里忽略生产技术这个因素。这就确保了选股方法的简单明了。由于研究重点非常清楚，所以容易把关键问题搞清楚，研究结论的把握性更强。

相对而言，自上而下的选股方法首先要面对异常复杂的宏观因素甚至国际因素，容易迷失在复杂的指标和数据之中，研究体系也会过于复杂，经常抓不住重点；好不容易把上一个层级的问题搞清楚了，下一个层级的问题还需要从头研究；等到着手研究个股问题时，精力和时间已经耗得差不多了，个股往往研究不透，对得出的研究结论也就没有足够的把握。这会导致在市场波动时对所持个股没有坚定的信心，投资操作上容易犯错，比如在股价低点斩仓，在股价高位加仓等。

当然，我们并不否认有人可以运用自上而下的方法做股票投资得到很好的业绩。尤其是一些做债券出身的人，其专业背景决定了他们对利率走势等宏观因素比较熟悉，习惯于自上而下看问题，他们往往用买行业龙头个股的方式解决微观研究深度不足的问题。但是，作为一般意义上的选股方法的比较，我们认为还是自下而上的方法更加简单有效。①

---

① 自上而下锁定龙头股买入的方法，在一些市场环境下会遇到严重的困难。比如在 2020 年第四季度，当时正是"抱团现象"最严重的时期，在这一阶段买入白马龙头股的基金产品后来经受不住相关股票的大幅调整，不少形成严重的亏损。

（二）自下而上的选股流程

在一个专业机构里，自下而上地选股一般遵循以下五步流程：

第一，从"海选"到"聚焦"。通过一些财务指标对全样本股票（比如全部A股）进行筛选，把样本空间压缩到较小的范围内，比如300只股票，实现适度聚焦。这些财务指标是根据经验选取的，不同行业很可能不同。每个指标的取值，比如PE取多少倍，也都是根据经验值以及市场当前估值水平在长期（比如十年）维度所处的位置来确定。适度聚焦是为了避免研究资源的浪费，也是为了防范风险，不能什么股票都碰。

第二，案头研究。把聚焦后得出的股票分配给每个行业的研究员，由其开展详细的案头研究。这个过程主要通过查阅上市公司公告，调阅卖方（券商研究所）的公司研究报告，上网查询相关信息，电话咨询上市公司证券事务代表和上下游企业、竞争对手关键人员来完成。案头研究通常依照每个行业的研究框架进行，包括行业的分析框架、重点关注因素、历史经验值以及估值模型等，往往是专业投资机构长期研究积累得来的成果。案头研究会得出一些基本的判断，如果认为该公司值得继续研究下去，则会把没有弄清楚的问题整理出来，列为下一步调研的重点。

第三步，实地调研。研究员带着案头研究没能弄清楚的问题去上市公司开展直接调研，必要时还会实地走访主管部门、竞争对手、主要客户、主要供应商以及相关研究机构，以期获得估值所需要的第一手资料。这些工作耗时耗力，但通常所获得的信息都很有价值。实地调研完成以后，通常对上市公司的基本判断就已经形成了。如果认为有投资价值，则进入研究报告撰写阶段。如果认为有投资风险，而该个股又是持仓股票，则会立即发出风险提示。如果认为没有投资价值，就会整理资料和数据归档，研究工作到此结束。

第四步，撰写报告。研究员立足案头研究和实地调研的成果，依据既定的格式撰写个股推荐报告。每家专业投资机构都有自己的研究报告撰写要求。研究报告的结论必须非常明确，通常分为强烈推荐、建议买入、建议持有、建议卖出等类别。研究报告的内容一般要求比较全面，不仅要有上市公司自身的详细分析，还要有行业竞争格局分析、行业政策分析、境内外对标分析、风险提示等。有的公司还要求给出未来一定期间（半年到一年）内可能的价格涨幅等。通常在这个阶段，研究员已经可以向基金经理和投资经理推荐股票了。

第五步，个股答辩。对于重要的研究报告，投资机构通常会安排进行个股答辩。这是一种正式的研究报告评审会议。一般先由主笔的研究人员做详细的报告，再由投资人员和其他资深研究人员提问，研究人员回答。通常一只股票的答辩会要持续一个半小时到3个小时，对于陌生又复杂的股票也有持续4个小时甚至更长时间的。这样一次答辩会不仅能把这只个股的投资价值搞清楚，往往也会把参会人员对这只个股以及所在行业的理解和认知提升到一个新的高度。如果答辩通过了，相关个股就很有可能进入该投资机构的重点股票池，并被参会的投资人员纳入投资组合。

二、"精选"才能"优选"

奉行价值投资理念的投资机构往往非常强调"精选"个股的重要

性，这种强调有时近乎偏执。不少投资机构的管理规模达数百亿元，但十余年所投资过的股票也只不过 500 只左右，占全部 A 股数量的比例不到 20%，算到任何一个时间点实际持有的股票也只有百余只，可见对股票要求之严格。那么，"精选"的逻辑依据何在呢？

（一）好股票永远是少数

在一个投资新手眼里，往往到处都是好股票，很多股票都能让他心动。过了几年，经历过遍体鳞伤的阶段之后，他才会得出一个结论：好股票永远是少数。我在两个层面上来阐述这个结论：第一是就上市公司本身的属性而言；第二是考虑到价格之后，只有便宜的好股票才是真正的好股票。

第一个层面：好公司本身是稀缺的。市场经济中竞争无处不在，容易赚钱的领域大家都想占据一席之地，不久之后那个领域的利润率就会被拉下来，降到接近于市场经济中平均利润率的水平。正是由于市场机制的作用，一家公司要想长期赚钱并且有较好的成长性，它必须具备一些独特的属性，也就是大家常说的核心竞争力或者护城河。而"独特"的公司一定是少数。很多上市公司乍看起来有不少闪光点，认真研究下来就会发现有很多"硬伤"或者"暗伤"，甚至有可能存在造假行为。股票研究的主要目的就是把这些"表面风光，实际带伤"的公司识别出来并剔除掉。经过仔细研究之后仍然觉得好的公司才是真正的好公司。这些公司一定是少数。

第二个层面：好股票不仅自身质地要好，价格也要便宜。假如一只股票通过了第一个层面的筛查，就可能有许许多多投资者认可它，愿意买它，这只看起来基本面良好的股票，往往在蜂拥而来的投资者几番竞价之后，股价已经被抬得过高，也就不再具备投资价值了。即使是在一个长周期（比如十年）的估值低位上，市场上被低估的股票可能会多一些，但是如果把当时面临的不确定性所要求的风险补偿算上，好股票也就没有那么多了——在一个恐慌情绪弥漫的市场环境下，我们理应要求一个更大的安全边际。

正是因为上面这两个层面的原因，专业投资机构在挑选投资标的时一定要坚持"精选"的原则，只有这样，才不至于把选股标准降得太低，才能在最大程度上保证达到"优选"的效果。

（二）良好的投资组合不需要太多的股票

良好的投资组合就是在经过风险调整后仍然能产生较高投资收益的组合。这句听起来有些拗口的话可以用大白话表述为：好的投资组合既要能赚钱，又要能有效分散风险。如果只讲赚钱，著名投资专家弗雷德里克·科布里克曾经说过一句名言：一只（好）股票就够了[①]。但是很少有人敢满仓只买一只股票，原因在于个股的风险太大。分散风险的最好方法就是把资金投资于多只股票，这就是采用"组合投资"方法的主要原因。那么，要同时持有多少只股票才能起到分散风险的作用，同时又能获得较好的收益呢？要知道，如果同时持有全市场的股票，你就只能获得指数的收益，那就不如去买指数基金了。

巴菲特以及其他著名的投资者曾经仔细地探讨过这个问题。他们认为，如果是资金规模较小（比如 1000 万元）的投资者，持有不同行业的 5~10 只股票就可以构建一个良好的投资组合。而如果是资金规模较

①弗雷德里克·科布里克：《大钱》，刘强等译，中信出版社，2009 年 11 月出版，第 236 页。

大（比如1亿元）的投资者，持有不同行业的15~20只股票已经可以较好地分散风险，再多了也不能起到进一步分散风险的作用。根据我们的经验，一个专业投资机构的规模较大的产品，比如30亿的股票型基金，通常持有30~40只股票就已经足够了，再多的股票既不能起到更好分散风险的作用，还会带来持续跟踪持仓股票的困难，影响投资效果。如果拥有多只大型股票基金，每只持有30只股票，大体上整个机构的重点股票池只需要纳入100只左右的股票。

既然一个良好的投资组合并不需要太多的股票，就为专业机构精选股票提供了可行性。市场上的好股票注定是少数，而投资所需的个股又确实不多，那么精选个股就是必然的选择。精选的目的是优选，只有精选才能优选。

三、自下而上选股如何择时

价值投资者很少做预测，尤其是很少做短期的市场预测。但是价值投资者确实会择时。择时和预测是不一样的。择时在投资中是必须的，它所依据的是事实和数据，它对未来的判断可能只是一种概率分布。预测有所不同，预测是试图判断未来会怎么样，试图给出一个确定的回答。从本质上讲，未来是很难预测的，短期市场趋势则是几乎不可能预测准确的。

（一）价值投资者也要择时

从价值投资的定义上说，"只有当股票价格低于其内在价值时才买入"，这本身就是一种择时。因此择时是价值投资的本质特征之一。

但是价值投资者通常会把择时因素降到最低限度，所做的择时一般也是长周期的，频繁择时不是价值投资的典型特征。就一只股票的投资决策而言，通常一年只做一次甚至更少，它意味着买入一只股票后往往会持有一年以上的时间。就整个股票市场而言，价值投资者的择时周期往往会超过一年，有时甚至长达3年才做一次大的仓位选择，哪怕特殊情况下一年内也很少有超过2次的仓位变动。前者对应的是选股行为，表现为投资组合的换手率，通常奉行价值投资的专业机构其换手率不会超过2（主要仓位的换手率一般不会超过1，其他的换手主要来自组合优化的需要）。后者对应的是大类资产配置决策，专业投资机构虽然每个季度都会开投资决策会议，但真正关键的投资决策每年通常只有一到两次。

价值投资者的择时行为也可以分为自上而下和自下而上两种。自上而下就是上文所说的大类资产配置决策，往往从宏观经济与政府政策入手，在大类资产之间确定投资的优先顺序与比例，对于其中的股票仓位做出决定。另一种自上而下则不考虑资产配置，仅仅就股票单一资产进行择时，它通常采用两种方法之一进行：第一，根据长期（比如十年内）股票估值水平所处的分位做决策，分位越低仓位越高，反之，分位越高仓位越低；第二，根据股市在周期里所处的阶段做决策，在繁荣阶段或牛市顶部开始减仓，在萧条阶段或熊市底部开始加仓。自下而上的择时则是价值投资者独具的一种择时方法，它是从股票这一微观标的本身出发做出的仓位决策。下文我们将重点讨论这种择时方法。

（二）自下而上选股自带更好的择时功能

在坚持自下而上选股的投资方法论体系里，是自带择时功能的。这种择时的方法可以简单概括为：根据单只股票的风险收益比决定是否加仓，当找得到风险收益比非常划算的股票时，就加仓；当找不到风险收益比划算的股票时，就不再加仓；当组合里原来持有的股票不再拥有划算的风险收益比时，就卖掉它，也就是减仓。

在对个股开展研究的过程中，不应期望找到没有风险的股票，也不应期望找到完美的股票，这两种股票存在的概率都是极低的，你可以当作它们根本不可能存在。因为如果有这两种股票，它们的价格早已被抬得极高，从而没有任何投资价值了。投资决策从微观上看，就是判断一只股票的风险收益比是否划算的过程。当我们发现一只被低估的基本面良好的个股时，它虽然还是会有风险，但潜在投资收益非常高，这只股票的风险收益比就非常划算。通常在市场情绪比较悲观时，容易出现这种低估的股票。这时，我们就应该加仓，把这只股票加入投资组合。反之，当我们发现一只股票的基本面虽然不错，但价格已经过高，从而面临股价下跌的风险或者安全边际不够时，它的风险收益比就不够划算。通常在市场情绪过分乐观时，对股票容易出现普遍的高估。这时，我们就应该停止加仓，有时甚至要减仓，把高估的股票从投资组合中剔除出去。

以上就是自下而上择时的基本逻辑，实际的择时过程要复杂得多，它需要考虑组合管理的方方面面，比如控制回撤的要求、争取排名的要求，等等。

第二节
行业研究队伍必须具备起码的规模

前一节我们介绍了专业投资机构自下而上、精选个股的投资方法。那么，要落实这种投资方法需要具备哪些条件呢？我认为，除了要有清晰的价值投资理念之外，最重要的就是必须拥有高素质的、全覆盖的行业研究队伍。

一、自下而上的投资体系必须立足于深入的公司研究

（一）研究创造价值

从技能角度看，投资是一项淘汰赛，而不是及格赛。不存在一种静态的标准，你只要做到了，就能保证赚钱。相反地，你必须不断努力，令自己的投资方法不断进化，不断更新自己的知识结构，才能维持自己的优势，有优势才能不被淘汰。对于专业投资机构而言，在哪个方向或维度上培养自己的竞争优势，如何维持自身的竞争优势，是最基本的问题。

作为奉行价值投资理念的专业投资机构来说，通常把认知优势作为自己的追求目标，追求相对于其他投资者来说的、对股票价值的更深刻的理解和把握。那么，如何获取这种认知优势呢？答案是：要靠研究。

"研究创造价值"是一个极为重要的概念。它有三层含义：第一，

只有立足于深入的公司研究才能比别人更准确地评估一只股票的价值，才能找到更好的股票；第二，投资组合的超额收益主要来自通过研究工作发掘出的好股票；第三，强大的研究能力是专业投资机构长期竞争优势的主要来源。

许多标榜自己奉行价值投资理念的投资机构，不愿意投入资源搭建一支强大的研究队伍，导致他们对一些股票的认识不能达到应有的深度。这使得他们要么寻找不到真正的好股票，要么即使买入了好股票也拿不住，稍有风吹草动就会把好股票卖掉，从而错过好股票的投资机会，严重影响投资收益。

（二）投资与研究的分工与协作

投资和研究哪个更重要？经常碰到新入行的投研人员问我这个问题。我觉得这里没有一个非此即彼、非黑即白的答案。投资和研究都很重要，它们是同一个完整的投资工作流程的两个阶段。投资更靠近最终的产出（投资业绩），除了选股问题之外，还有组合管理和优化的任务，并且要直接面对竞争压力和客户的压力，所以非常重要，往往对人员的经验和素质要求更高。研究的重要性也无可置疑，如上文所述，研究创造价值，没有扎实的研究工作去挖掘好股票，投资组合就无从构建，投资业绩就会成为无源之水。

在专业投资机构里，投资与研究之间有着清晰的分工。如果说投资人员是炮手，研究人员就是制造和递送炮弹的人。研究人员的核心工作是挑选出好股票，众多研究员共同挑选出一批股票，供投资人员挑选；投资人员都有自己的投资风格，也都有自己的投资组合需要维护，他们会根据自身的选股标准和优化组合的需要，从研究人员推荐出来的股票池里挑选一些股票，加入自己的投资组合。

许多投资人员都是从行业研究员成长起来的，他们自己的很大一部分精力也花在研究股票，或者指导研究员开展研究工作上，他们如果发现好股票也会向其他投资人员推荐，只不过通常不再撰写研究报告。

一定程度上讲，投资人员要确保拥有对股票的认知优势，因为这决定了他的投资业绩能否超越他人。所以他有很强的动力去开展研究工作，指导其他研究员的研究工作，参与个股推荐答辩等。实际上，投资人员与研究人员必须共同努力才能形成并维护对股票的认知优势。投研合作的好或坏，是影响一家专业投资机构投资业绩的重要因素。

二、行业研究队伍必须具有起码的规模效应

专业投资机构维持多大的研究队伍是合适的？这里并没有标准的答案，因为这与机构的投资业绩目标以及是否全市场选股有关。如果是一家奉行价值投资理念的公募基金管理公司，全市场选股，又希望获得较好的业绩排名，那么其行业研究队伍就必须具备起码的规模。

（一）专业化分工是获得认知优势的基础

A 股市场现在有约 4700 家上市公司，通常被分入 28~31 个一级行业。这些公司千差万别，尤其是在生产技术、商业模式、产业政策等方面存在明显差异。如何排兵布阵才能让研究队伍更容易获得认知优势呢？通常的做法是按行业实行专业化分工，每个研究员负责覆盖一个或

少数几个行业。这种做法是从欧美发达国家金融机构那里学习而来的，背后有着清晰的逻辑。

按行业进行专业化分工至少有三个方面的好处：第一，有利于提高研究的深度。按行业分工，研究员就可以专心致志地研究一个行业，相比于覆盖庞杂的一堆股票而言，更容易提高研究深度。按行业分工，就可以找化工专业的研究生来覆盖化工行业，让计算机专业的研究生来覆盖计算机行业，通过配备学历对口、工作经验对口的研究人员能够有效提高个股研究的深度。第二，有利于行业知识库累积和传承。同一行业的股票可以适用相似的分析框架、估值模型，重要参数的取值也相同或者接近，一个研究员把行业研究透，就可以传承给下一代研究员。第三，有利于提高行业内的覆盖度。有的行业有 100 只股票，有的行业达到 500 只股票。按行业分工后，研究员一旦把一只典型的股票研究透，就可以把研究方法迅速推广到全行业，这会大大提高研究的效率。以上三个方面都会促进研究优势的形成，有利于专业投资机构形成对股票的认知优势。

（二）"全覆盖"为什么重要

"全覆盖"是指研究工作能够覆盖所有的行业，通常指一级行业。这要求投资机构建设一支规模较大的研究队伍，通常至少要配备 20 名专职的行业研究员，否则很难形成有效的全覆盖。那么，为什么全覆盖这样重要，以至于投资机构要花费巨额人力成本实现它？原因有三个：第一，全覆盖是全市场搜寻投资机会的前提。没有实现全覆盖，意味着投资人员会有"盲区"，当这些没有覆盖的行业集中出现投资机会时，整个投资机构的业绩有可能受到严重的影响。第二，全覆盖是确保形成认知优势的条件。认知优势不仅指针对某只股票或某个行业的，也指全市场的。或许一家投资机构在某几个行业形成了认知优势，但如果它对另外几个行业完全没有认知，那它的整体认知优势是严重存疑的。在另外一个意义上，一些行业存在关联关系，比如要研究清楚家电行业，就必须对地产行业有一定认识，如果未实现全覆盖，投资机构不仅对未覆盖的行业有认知劣势，对相关行业也很难形成认知优势。如果专业机构想采用"行业轮动"一类的投资策略，则全覆盖的重要性就会更加重要。第三，全覆盖是参与相对收益投资的基本要求。如果是一家证券公司的自营部门，拿自己的钱去投资，只要求某个水平的绝对收益（比如12%），不需要参与市场排名，不需要用相对收益来吸引客户，那么它可以不必维持一个全覆盖的研究团队。但对于公募基金等不得不考虑相对收益的机构来说，它必须实现全覆盖，否则它就会有研究短板，当它未覆盖的行业的经营业绩走强时，它的投资业绩排名就会非常难看，从而损伤投资品牌。

三、齐备的研究队伍是投资团队保持稳定的基础

（一）研究队伍齐备有助于稳定投资团队

投资团队保持稳定对于专业投资机构来说至关重要，因为经验丰富的投资人员是其投资业绩的重要支撑。但公募基金行业投资人员流动过快一直是行业痛点，如何留住业绩优秀的投资人员就成为基金公司需要解决的首要问题。在决定投资人员去留的诸多因素之中，最重要的一个因素就是研究队伍的规模和素质。

公募基金行业常常会有基金经理在投资业绩冒尖之后旋即"奔私"的情况，但他们中的大部分后来业绩都难以持续，原因是什么呢？据部分奔私之后又回归公募基金的投资人员介绍，最关键的就是不少私募基金平台上没有一支可靠的行业研究队伍。这导致那些在公募基金平台上挥洒自如、春风得意的基金经理，一旦脱离平台上的研究团队，其投资组合就断掉了源头活水，业绩之树也就难以常青了。这些人回归公募基金的最主要原因，也是希望再次得到研究团队的支持。

正是因为研究团队如此重要，凡是意识到这一点的投资人员都会倍加珍惜身边的研究队伍。专业投资机构如果能够打造一支实力强大的全覆盖的行研队伍，将非常有利于维持投资团队的稳定。

（二）研究队伍能保证投资团队"人梯不断"

对一家专业投资机构而言，投资人员从哪里来？除了极少数从外部招聘而来，大部分都是从本机构内部培养起来的。从内部培养投资人员，既有利于保持投资理念的纯正和一致，也有利于促进投研结合。而研究人员是投资人员天然的储备库，强大的研究队伍能够保证投资团队不断获得新鲜血液。

一家专业投资机构的投资人员通常按如下步骤培养：第一步，助理研究员。招聘新毕业的研究生入司，担任助理研究员，用两年左右的时间学习估值方法和撰写研究报告，并深入研究一个行业。第二步，研究员。助理研究员两年后如果能够独立推荐股票，即可晋升为研究员，这时通常会指定一个新的行业让他覆盖。第三步，高级研究员。完成两个以上行业覆盖并能有效推荐股票的研究员可以晋升为高级研究员，这时他可以选择第三个或者更多的行业去进行覆盖（原来的行业可以保留也可以交给其他研究员），在推荐股票的同时，开始构建自己跨行业模拟组合，公司开始关注他的模拟组合业绩。第四步，基金经理助理。对于跨行业模拟组合获得较好业绩的高级研究员，基金公司会考虑让他担任基金经理助理，从而跨入投资序列。这时他的职业生涯往往已经超过 6 年。第五步，基金经理。对于基金经理助理中悟性较高，基本掌握组合管理的技巧，对证券市场运作规律、风险控制纪律有足够领会的人员，可以提升为基金经理，开始独立或联合管理一只公募基金。

由这个培养过程可以看出，行业研究队伍是投资人员最主要的来源。齐备的研究队伍代表着一家专业投资机构有着更强的发展后劲。

第三节
考核体系要与投资理念相洽

专业投资机构是由一个个鲜活的投资人员构成的，机构的业绩由投资人员的业绩决定，机构的投资理念由每位投资人员来践行，而投资人员的行为取向受到内部考核体系的极大影响。因此，当我们要判断一家专业投资机构的投资理念和投资风格时，必须对其投资人员考核体系加以审视。

一、投资人员的考核体系

（一）分工、授权与协作

迄今为止，我已详细解释了投资与研究之间协作的必要性，投资在很大程度上是一项需要专业人员充分协作才能做好的事情。在这一节，我要强调投资的另外一个属性：投资是每个人自己的事情，它极为个性化。

投资的协作性主要体现在研究阶段，这里的研究既包括对公司的研究，也包括对市场的研究。当投资进入决策阶段时，它基本上是投资人员个人的事情。在这个阶段，集体的力量起不到太大的积极作用，集体决策往往是愚蠢的决策。相反，每个投资人员立足于自己的专长、性格、现有持仓情况等，可以做出更加正确的决策。在这个问题上，就连那种"投资总监一言堂"式的决策方式都比集体决策更加可取。集体决策不仅会埋没投资天才，削弱投资人员的责任感，也会鼓励那些不需要对投资业绩负责的人指手画脚，影响投资决策的专业性和正确性。

我在这里所说的投资决策，主要指向针对一个投资组合（基金或专户）而言的买卖股票的决策。这种决策应该由基金经理或投资经理自主进行，其他人横加干涉既无必要，效果也会适得其反。针对绝对收益类型产品的仓位决策，是可以集体进行的，但那应该主要用于防范风险，比如确定股票仓位的上限，没有必要决定仓位的具体水平。

正是由于上述原因，投资人员的分工与授权必须明确。如果一家机构内部没有清晰的、对每位投资人员的分工和授权，那么这家机构是不值得信任的。

（二）基金经理负责制

由投资人员在授权范围内对他所管理的投资组合行使完全的决策权，在业内通常被称作"基金经理负责制"，尽管这种安排也完全适用于专户产品的投资经理。

基金经理负责制使基金经理享有完全的组合管理权限。在一个运作规范的投资机构里，即使是投资部总经理或者投资总监都无权越过基金经理直接插手其所管理的投资组合的具体运作。基金经理的组合管理权限已经被固化在投资管理的 IT 系统内。公司管理层可以拿掉基金经理的管理权限，但在拿掉之前，一般都不会干预他的具体操作。

基金经理负责制把基金经理放在投资运作的关键节点上，由于拥有完全的、独立的管理权限，他就能够对投资组合的业绩负责。这是对他开展投资业绩考核的前提。

（三）相对收益与绝对收益

投资机构对投资人员的考核有两种不同的体系：相对收益和绝对收益。相对收益考核投资组合的业绩在全市场同类组合中的排名，比如排名前百分之几，排名越靠前越好。绝对收益考核投资组合的业绩能否获得正收益并且达到预定的收益目标，比如达到百分之几，一般越高越好。

这两种体系反映了完全不同的投资要求。相对收益考核体系的好处在于它适用于任何的市场环境，牛市、熊市、平衡市都适用；适用于任何产品类型，标准股票产品、灵活配置型产品都适用，它也能够给予投资人员足够的压力和动力去争取好的业绩。它的坏处有两个：第一，它没有给予客户本金安全以足够的关注，有时会出现投资业绩考核得分很高但客户实际亏钱的情况，这种情况往往发生在熊市里。第二，它给予投资人员过大的压力去追求业绩，在投资人员竭尽所能追求业绩排名的过程中，有时难免承担过高的风险。绝对收益考核体系的好处在于它首先着眼于客户本金的安全，能够在最大程度上保护客户本金不受损失。它的坏处也主要有两个：第一，它受市场环境影响太大，牛市里它的业绩目标太容易达到，熊市里它的业绩目标又几乎不可能达到，在这两种情况下，都不容易区分出投资人员业绩的优劣；第二，在牛市里，绝对收益考核会导致投资人员"止盈"，从而错失赚更多钱的机会。

目前，在公募基金行业里，相对收益考核体系占据主流地位，部分专户产品和机构客户委外产品采用了绝对收益考核，近年来出现的"固收+"公募基金也开始采用绝对收益考核体系，但仍然是少数。证券公司自营一般采用绝对收益考核体系。

二、考核体系深刻影响投资人员的行为和业绩

不管对外宣扬自己奉行的是多么高大上的投资理念，实际上决定一家投资机构业绩的还是它在内部实行什么样的考核方法。因为，是考核指挥棒而不是对外的口号在主导着投资人员的行为取向。真正奉行价值投资理念的投资机构应该在其考核体系里大力提倡可持续的长期的投资业绩，因为这才符合客户的利益。

（一）短期业绩还是长期业绩

对于投资机构和投资人员而言，来自销售渠道和客户的压力通常都

集中在短期业绩上，他们希望自己推销或购买的产品很快就能赚钱，这很正常。投资人员往往也不得不调整自己的投资组合，加入一些短线品种，以适应客户和渠道的需要。但是从整个投资机构来说，考核导向却需要认真思考。

市场上常有一些基金经理像耀眼的流星划过天空，转瞬即逝。他们的短期投资业绩非常突出，但很快就归于平淡，甚至旋即遭受严重亏损。因为那些让他们短期赚钱的股票要么是事件驱动的题材股，要么是"风口里飞上天的猪"，很少有基本面的支撑，业绩的持续性自然会有问题。

很多时候短期业绩与长期业绩是有冲突的。如果考核体系重视短期排名，那么投资人员就会把主要精力用来搜寻市场热点，就势必会忽略对股票的基本面研究，当他的情绪主要跟着"市场先生"走的时候，他就不再能保持理性、独立和保守，也就偏离了价值投资的主航道，这就足以摧毁他的长期业绩。反过来，如果考核体系重视长期业绩，投资人员就不会给予市场热点和短期题材足够的关注，有时短期业绩排名就会受到影响。

面对这种冲突，投资机构必须做出取舍。毫无疑问，奉行价值投资理念的投资机构应该选择长期业绩。长期业绩如果好了，短期业绩就不必再过多关注。另外，价值投资方法更善于获取的是长期业绩，正如前文提到的，价格向价值回归和内在价值成长一般都需要一些时间。

令人沮丧的是，不少投资机构在考核导向里比较重视短期业绩，或者在日常工作里对短期业绩给予过多的关注和讨论，或者不能妥善地处理来自客户或渠道的抱怨，让投资人员感受到极大的压力，严重影响了长期主义投资理念的落实。

（二）重视弹性还是重视持续性

凡是学过投资的人都对"复利的力量"有所耳闻。复利要展现它神奇的力量有个前提，那就是利率最好连续为正。如果有些年份利率为负，复利的效果就会大打折扣。一个组合的投资收益也是如此，如果收益率持续为正，哪怕不是很高，累积下来的收益率也会十分惊人；如果收益率有些年为正，有些年为负，那么即使收益率有时很高，累计的收益率也可能十分平庸，甚至有可能是亏损的。

市场上有些基金经理的投资业绩像过山车一样，忽高忽低。在牛市里像火箭一样拔地而起，十分吸引广大投资者的眼球，产品规模迅速扩大；随后在市场调整阶段，他们的投资业绩大幅回调，出现明显亏损。几年下来，客户的本金甚至有可能遭受损失。有的资产管理机构整体上表现出类似特点，市场上涨时业绩弹性很足，市场下跌时产品亏损很大，累计下来没能给客户创造正收益。这样的基金经理和资产管理机构，都是过分重视业绩弹性，而忽略了业绩的持续性，对客户是不利的。

必须说明的是，不应简单地讲弹性不好，业绩的波动性也在所难免。关键要看两点：第一，向上的弹性和向下的弹性哪个更强，如果向上的弹性明显强于向下的弹性，则这种弹性总体上可以接受；第二，让组合承担波动性值不值得，如果每承担一个百分点的波动，都能够带来超过一个百分点的收益，则这种波动性也可以接受。而在这两种情况下，你会发现组合的净值虽然经历波动和回撤，但总体上是保持增长的。除了以上这两种情况外，弹性和波动性都是弊大于利的。

所以，是应该重视弹性还是持续性？这个问题的答案是明确的：业绩的持续性应该得到更多的关注。

（三）创造价值还是创造"费用"

资产管理机构的使命是为客户赚钱，为客户创造价值。这本是天经地义的事情，但在实际执行时却似乎没有那么清晰。专业机构与普通投资者一样，需要承担券商的交易佣金和交易所规费。当券商为基金公司提供卖方研究服务时，通常希望基金公司用佣金分仓来支付对价，所以，佣金对基金公司来说是有价值的。对客户而言，交易佣金是由基金资产承担的，它是一种费用。佣金是交易量的一定比例，佣金的多少取决于交易量的多少，交易量的多少（在资金规模确定的前提下）又主要取决于换手率，所以，对待换手率的态度就成了一块试金石，它能测出一家投资机构是否真正地把客户利益放在足够重要的位置上。

价值投资对客户具有非凡的价值，因为价值投资方法通常意味着较低的换手率。以我国A股市场为例，奉行价值投资的代表性机构，通常组合的换手率在1~1.5之间，较少有超过2的。而其他类型的投资机构，这一数字往往在4以上，有的甚至达到10。后面这类投资机构的佣金费率会比前面的机构高出数倍，这会削弱客户的投资收益，损害客户利益。更为可怕的是，高达10倍的换手率意味着频繁决策和换股，平均每只股票的持有时间只有一个月左右，这代表着决策出错的概率增大、选股质量不高，由此带来的风险可能远比交易费用要高。

如果一家投资机构在考核指标里要求投资人员创造更多的佣金，那么这家投资机构在舍本逐末，已经走上了一条错误的道路。

三、专业投资机构应有的考核体系

投资理念决定考核导向。对于践行价值投资理念的专业投资机构来说，考核体系自然而然地会体现出长期导向和价值导向。

（一）清晰的授权与明确的考核制度

如前所述，投资决策是一个人的事情。专业投资机构会给予每位投资人员清晰的授权，指明其所负责管理的产品或投资组合。应尽量避免两人或多人管理一个产品的情况，如果出现，也最好要有清晰的分工，比如一个负责股票仓位，一个负责债券仓位和流动性管理。

考核制度要以书面形式发布，其中最重要的是业绩标准、考核周期和奖惩措施。业绩标准代表着机构对投资人员的业绩要求，奖惩措施也是必不可少的，这二者的重要性比较好理解。为什么明确考核周期非常关键呢？这是因为，投资活动与时间长度密切相关，能在多长的时间段内管理一个组合将极大地影响投资人员的投资逻辑和选股标准。考核周期一旦明确，无论投资人员短期业绩如何波动，通常机构都会让他把一个完整的周期做完，然后再去评价其投资业绩。这就给了一段时间让市场去验证投资人员的投资逻辑。而这对投资人员来说异常重要。

在专业投资机构内部，在明确了考核制度以后，投资人员的决策权限应该得到充分的尊重，不能随意干预投资人员的投资行为；考核期没有结束，就不应该对投资人员的投资业绩妄加评论；也不应把渠道和客户的压力直接转嫁给投资人员，而应由销售部门去面对和处理；更不能强迫投资人员去接受极个别客户的无理要求，那将影响投资人员的正常发挥，从而影响其他客户的利益。最忌讳的事情是公司领导或部门负责人动不动就把投资人员批评一通，或者要求其解释近期业绩不佳的原因。为了保持好的投资业绩，需要对投资人员给予一定压力，这都能够理解，但施加压力的最好方式就是把要求写进考核制度，然后待考核周期结束时严格落实奖惩措施。公司领导和投研负责人平时只做投研资源整合的工作，提示机会和风险，培养和指点投研人员，但这只是投研管理工作，而不是考核。总之，考核周期内不宜给投资人员过大的压力，更不能干预其投资决策行为，否则就会导致其动作变形，影响投资业绩。

（二）长期导向

我们多次使用了长期、短期的概念，那么多长算长、多短算短呢？通常考核周期被设定为一个完整的年度（12 个月，起讫月份各家投资机构可能会有不同安排）。短期通常指的是比 12 个月短的时间段，比如一个月或一个季度。长期通常指的是比 12 个月长的时间段，比如 3 年或者 5 年。

对于价值投资而言，12 个月作为一个投资业绩考核周期实在太短了，因为价格向价值回归往往需要更长的时间，核心竞争力带来利润的强劲增长也需要更长的时间。许多著名的价值投资专家认为，价值投资的标准周期应该是 7 年，至少也要 3~5 年。正因为如此，践行价值投资的专业投资机构一般会在考核体系里引入长期考核方法。我国的一些基金公司引入了 3 年滚动业绩考核体系或者 5 年滚动业绩考核体系。在这种考核体系中，投资人员当年的投资业绩只占一部分考核权重，其他权重会被赋予前面 2 年或 4 年的投资业绩。

考核体系背后的逻辑可以映射不同的选股逻辑。一年期（12 个月）

的考核体系对应的是财务逻辑，即按每年的财务报表信息来选股。3年期的考核体系对应的是产业逻辑，即可以根据上市公司所在行业的底层发展逻辑来选股，比如行业竞争格局变化、毛利率变化趋势等。5年期的考核体系对应的是技术逻辑，即除了财务的、产业的逻辑之外，可以更从容地考虑上市公司所在技术领域的技术发展与演进的趋势，这些因素起作用的时间维度更长，只有足够长的考核周期才能把这类因素纳入进来。选股逻辑越全面，对上市公司的分析就越深刻，按照这些逻辑挑选出来的股票，基本面更扎实，长期业绩更能持续。在这种考核体系之下，投资人员可以沉下心来，从容选股，更加看重研究深度，看重长逻辑，整个投资机构的投资业绩将更具备持续性。

长期考核体系还有一个附带的效果，即可以避免投资人员为了争取更好的年度排名而承担过高的风险，或者因此而动作变形。

（三）价值导向

价值导向有三重含义。第一，相对于费用导向而言，指向的是降低换手率；第二，相对于本金损失风险而言，指向的是绝对收益理念；第三，相对于短期业绩而言，指向的是长期持续的投资收益。对于第一重含义，前文已经详细分析过，专业投资机构理应摒弃费用导向；只要践行价值投资理念，换手率自然而然也就降下来了。对于第三重含义，也已详细讨论过，专业投资机构应该追求长期可持续的投资业绩。下面我来重点谈谈第二重含义：绝对收益理念。

基金行业是以相对收益考核为主体的，但我认为不能因此就完全不考虑客户投资本金的安全，我们应该尽可能地避免客户遭受本金损失。在资管行业从业许多年之后，我获得一个深刻的认识，那就是：绝大部分投资者都是风险厌恶型的，他们都希望投资本金能够保持安全。不管他/她口头上怎么说，骨子里还是个风险厌恶者，不希望本金产生亏损。正因如此，专业投资机构都应该深刻体会客户的这一要求，凝聚强大的愿力来维护客户本金的安全，也就是要奉行绝对收益理念。

当一个新产品刚成立时，必须要求投资人员审慎操作，争取先累积一定的正收益作为安全垫，再进一步放大风险敞口。即使在产品建仓期内，投资人员也要千方百计实现"稳起步"，避免客户遭受实质性亏损。当然，很难百分之百地保证在任何一个时点上客户本金都不受亏损，但是，有绝对收益的意识和愿力与没有这种意识和愿力是完全不同的，实际的投资收益差异会很大。

这个价值导向，专业投资机构应该坚定奉行。

第三章

如何正确地认识 A 股市场

在我开始撰写这份书稿时，A 股市场已经疲弱了很长时间，上证指数在 2900 点附近徘徊，与 2008 年年中时的点位相差无几，许多投资者对 A 股市场充满了恨铁不成钢的无奈感。在本书几近杀青时，A 股市场上成长风格领先已经有一年半以上的时间，价值风格[①]的基金经理排名持续靠后，普遍感受到业绩压力。如何认识 A 股市场？A 股有没有投资价值？价值投资理念能否适用于 A 股市场？诸如此类的问题困扰着许多投资者。本章的目标就是回答这些问题，用第一手资料来给出我们自己的答案。

---

① "价值风格"在此处取其狭义，指低估值风格。

第一节
A 股是提供长期正收益的市场

常常听到有人说：如果巴菲特在中国买股票也未必能赚到钱。言下之意是 A 股市场不是一个能赚钱的市场，因为指数在 2008 年第四季度到 2018 年第四季度十年间几乎没有上涨。这是一个相当严肃的问题[①]。巴菲特曾经说过自己是"赢在出生时机好"——生在了 1930 年的美国，"大萧条"过后才开始投资股票——才能赚到那么多钱。这当然是他的谦虚之辞。但中国的股票市场真的整体上难以赚钱或者不能赚钱吗？

一、用上证指数衡量的 A 股市场的收益率

上证指数（指数代码：000001）是中国股票市场历史最悠久的综合指数，所能获得的数据也有最长的时间跨度。我们首先来用这个指数分析一下 A 股市场的赚钱效应。

上证指数的基日是 1990 年 12 月 19 日。截至 2020 年 12 月 31 日，时间跨度已长达 30 年。由图 2 可以看出，上证指数自诞生以来，绝大部分时间都运行在一个长期的上升通道中。在这 30 年中，上证指数累计涨了 33.73 倍，年化复利收益率达到 12.53%，即上证指数平均每年都

[①] 2018 年末到 2019 年上半年，这样的看法非常普遍。随着 2019 年和 2020 年指数的上涨，这样的声音才逐步减弱。但我相信，这种疑问始终存在，不久之后，又可能卷土重来。

比前一年上涨 12.53%。

看到这些数据，可能会有不少读者觉得上述结论与自己的切身体验和直观感受差异很大。也许会有读者提醒，有几个方面的原因可能削弱上证指数的"真实性"：第一，上证指数只包含上交所的股票，而上交所的股票多数是大股票，表现相对好一些很正常；第二，上证指数采用总市值加权的方式，投资者实际感受与流通股更为接近，按总市值加权高估了整个市场的市值；第三，在市场初期的几年（1990—1993），整个市场股票数量很少，在股票供不应求的情况下股价剧烈上涨，初期的大幅上涨有拉高整体收益的嫌疑；第四，新股不断加入，新股上市后往往连续上涨，估值达到很高水平，拉高了股价指数，而持有老股的投资者却不能从中受益。综上所述，上证指数并不能很好地代表 A 股市场的整体收益。

姑且不管上述理由是否完全正确，下面我们换一个指数来分析 A 股市场的赚钱效应。

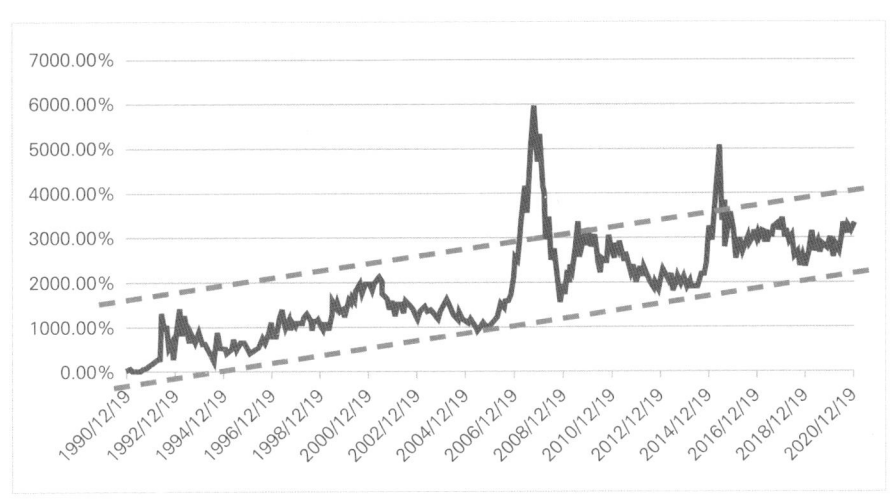

图 2　上证指数长期走势

数据来源：Wind，安信基金

二、用中证全指衡量的 A 股市场的收益率

中证全指（指数代码：000985）包含沪深两市股票，采用流动市值加权，基日是 2004 年 12 月 31 日，在期初股票数量已经足够多。用中证全指来衡量 A 股的整体长期回报可以克服上证指数所存在的四个问题里的前三个，算是一个比较合适的指数。

由图 3 可以看出，中证全指自有数据以来同样运行于一个长期上升通道之中。自 2004 年 12 月 31 日至 2020 年 12 月 31 日，中证全指累计收益率为 4.62 倍，年化收益率仍然达到 11.39%，即平均每一年较前一年上涨 11.39%。

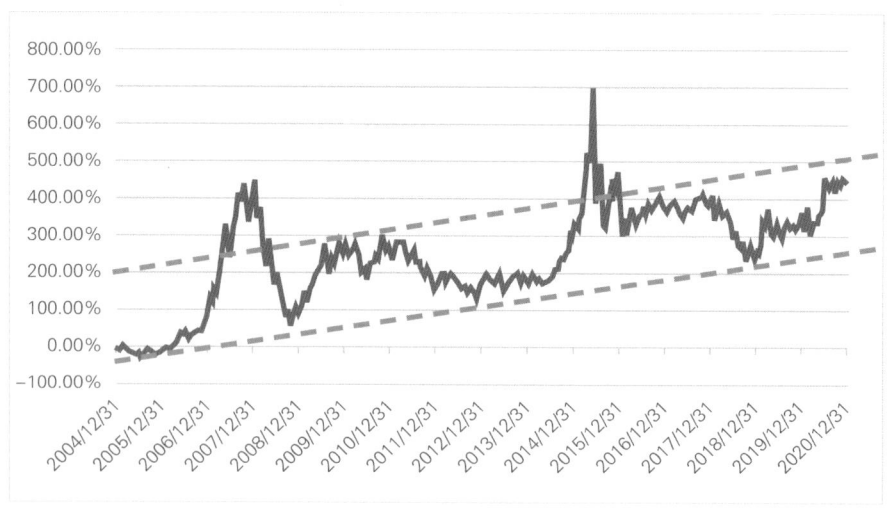

图 3　中证全指长期走势

数据来源：Wind，安信基金

如果读者觉得以上两个指数还不够全面，想再看看其他指数的收益率，我们再把"沪深 300"和"中证 500"这两个常用指数的表现说

明如下：这两个指数的基准日与中证全指相同，均为 2004 年 12 月 31 日；从基准日至 2020 年 12 月 31 日，这两个指数的累计上涨幅度分别为 419.06% 和 536.71%，年化收益率分别为 10.83% 和 12.26%。

三、A 股市场的分红收益

以上对于 A 股长期回报率的分析，我们还未将长期回报的一个重要组成部分考虑进来，那就是上市公司的现金股息。一旦考虑股息，A 股市场的回报率会更高一些。

市场上长期存在一种观点，认为 A 股上市公司不愿意现金分红。那么实际情况如何？我们从两个指标来看：一个指标是 A 股上市公司分红家数占比。我们把每年年底之前上市的所有公司数作为分母，将在当年发生现金分红的公司作为分子，计算出上市公司分红家数占比。自 1990 年以来平均 47% 的上市公司进行了现金分红，并且整体上讲分红家数占比呈上升趋势，有三个阶段这一比例高达 70%[1]。另一个指标是 A 股上市公司累计分红比例。从 1991 年开始统计，截至 2020 年年底，A 股上市公司现金分红金额累计约为 8.5 万亿元，A 股上市公司创造的净利润历年总和约为 33.2 万亿元，累计现金分红占累计净利润总额的比例为 25.54%。综合以上两个指标，说 "A 股上市公司不愿意现金分红" 并不公允。

大家最关心的可能还是 A 股的股息率。根据万得数据，上证指数

---

[1] 截至 2018 年底的数据已足以说明问题。

股息率［股息率 = Σ 近 12 个月现金股利（税前）／ 指定日股票市值 ×100%］日均为 1.37%；中证全指股息率日均为 1.61%。

在计算投资 A 股的综合回报率时，必须把股息率加进去。如果按上证指数的口径计算，A 股 30 年的综合投资回报率为 13.90%；按中证全指来估计，A 股 16 年来的综合投资回报率也达到 13.00%。

综合来看，A 股的长期回报率其实并不低。考虑到通货膨胀因素之后，A 股的长期回报率与中国经济过去 30 年的年均增长率是大致匹配的。之所以很多投资者感受不太好，主要原因应该是市场的整体波动比较大，而大部分投资者的投资期限太短，往往在波动的底部区域认赔杀出。正确认识 A 股市场的长期回报率能使我们树立投资 A 股市场的信心，也不会因为市场的短期波动而动摇信心。

第二节
A 股的波动性远大于美股市场

一、A 股与美股的综合收益率差异不大

受 2009 年以来美股的持续上涨影响，很多读者（尤其是年轻的读者）可能认为，A 股市场的投资回报率应该远低于美股。那么，实际情况如何呢？

著名学者、美国宾大沃顿商学院教授西格尔曾经对 1802 年以来

美股 200 年的历史做过深入研究，他计算出美股的实际年化投资回报率是 6.5%~7%（含分红）。由于这一计算结果非常权威，7% 被称作"西格尔常数"。如果考虑到通货膨胀水平，美股的名义年化收益率为 8.5%~9%。显然，这一数字远低于 A 股的投资回报率，上证指数自基期以来的年化收益率高于西格尔常数约 5 个百分点，这个差异是相当大的，如果用"上证指数的收益率比标普 500 高出 61.59%"来表达可能更令人印象深刻！有的读者可能会说，鉴于在过去 200 年里经济增长速度是不断加快的，所以用上证指数近 30 年的年化收益率与标普 500 近 200 年的年化收益率去比较不太合适，那我们用上证指数与同期的标普 500 做比较，应该比较公平了吧？自 1990 年 12 月 19 日至 2020 年 12 月 31 日，上证指数的年化收益率是 13.90%，比标普 500 指数同期年化收益率 10.36% 足足高出 3.54 个百分点。再换用中证全指看一下，自基期以来中证全指的综合收益率是 13.00%，同一时期标普 500 的年化收益率是 9.24%，也高出了 3.76 个百分点。简言之，长周期的数据表明，A 股的投资收益率明显高于美股。

那么在 A 股指数"最糟糕的十年"里的情况如何呢？我们截取 2008 年 8 月 20 日至 2018 年 10 月 19 日的数据作对比，这一时间标普 500 的年化收益率是 9.99%，中证全指的综合年化收益率是 5.65%，上证指数的年化收益率是 2.43%，美股的收益率确实要高一些，但如果用中证 500 指数的综合年化收益率 7.4% 来比较，或者用创业板指数的年化收益率 9.5% 来比较，A 股与美股的收益率相差会更小。考虑到这一时期 A 股市场的结构分化十分严重，新技术、新经济崛起，创业板市场走强，而标普 500 也较好地吸收了美国的新技术和新经济成分，用创业板或中证 500 与标普 500 做比较有一定道理。总之，即便用那十年的数据做比较，美股的年化收益率也并不比 A 股高太多。

综合长期数据和"最糟糕十年"的数据，美股收益率有时比 A 股收益率低，有时比 A 股收益率高，但总的来看，相差并不太远，A 股还要更胜一筹。

二、A 股的波动率远大于美股

自 A 股诞生以来，用上证指数来计算，市场波动率年化为 38.55%！同期标普 500 的年化波动率只有 18.15%。前者是后者的 2.12 倍！

有的读者可能会说，A 股诞生之初，股票只数少，股市规模小，投机盛行，波动大一些是很自然的，随着市场发展，波动性会明显降低，应该选近期的数据与美股做比较。那我们就选另外两个时间段来做比较。首先，我们选 2004 年 12 月 31 日至 2020 年 12 月 31 日的数据，中证全指、沪深 300、中证 500 的年化波动率分别为 27.63%、26.94%、30.84%，同期标普 500 的年化波动率为 19.66%，A 股的波动率与美股的波动率差异有所收窄，但依然明显高于美股。其次，我们选 2008 年 8 月 20 日至 2020 年 11 月 30 日的数据，中证全指、沪深 300、中证 500 的年化波动率分别为 25.82%、25.15%、28.68%，同期标普 500 的年化波动率为 20.92%，A 股的波动率与美股的波动率进一步靠近，但依然明显高于美股。

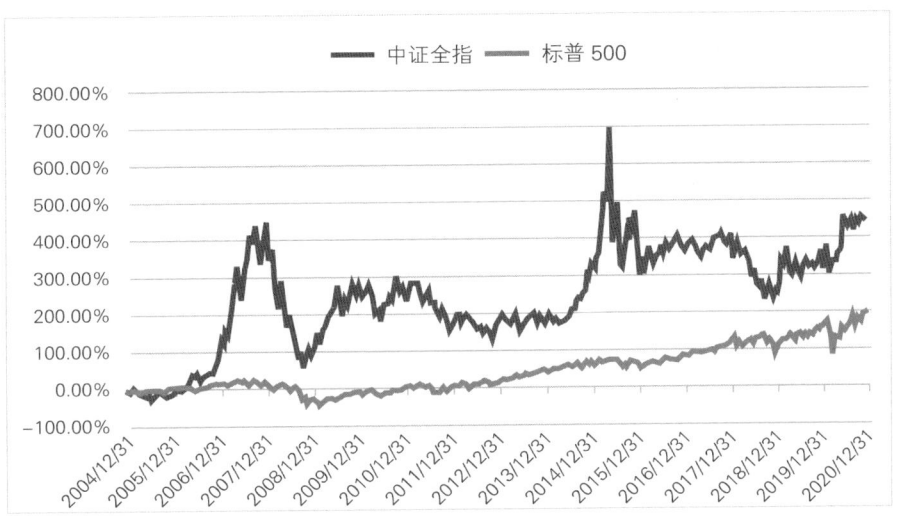

图 4　A 股与美股波动性的对比

数据来源：Wind，安信基金

　　需要注意的是，A 股的波动率大幅高于它的收益率，前者往往是后者的 2.5~6 倍。你可以脑补一张简单的图形：在一张坐标图里，有一根以年化收益率为斜率的直线，同时有一条"狂放"的曲线围绕那条直线上下大幅波动，波幅大到它的低点时常向下穿过直线前期的数值。波动性本身不是风险，也不会直接造成损失，但是如果投资者是在这些低点退出市场的，那就意味着对这些投资者来说切切实实的亏损已经发生！

　　回忆前文提到的复利原理和波动性的负面效果，读者就不难明白，在波动性明显更大的 A 股市场，投资者如果不会控制风险，又不能长线投资，甚至受市场狂热情绪影响入市、在市场陷入恐慌时退出，就更容易遭受亏损。而如果投资者能够拉长投资期限，坚持独立地做出投资决策，不受市场情绪误导，A 股的波动性就不会转化成现实的投资风险。

第三节
A 股是以散户为主体的市场

为什么 A 股市场的波动率如此之大？原因可能有很多，但其中最重要的一条或许是 A 股是以散户为主体的市场。

一、对 A 股投资者结构的分析

根据 2020 年上市公司年报数据所做的汇总分析表明，机构投资者持有的 A 股流通市值所占比例只有 16.26% 左右，个人投资者持有的 A 股流通市值则占比高达 39.22%（见图 5）。

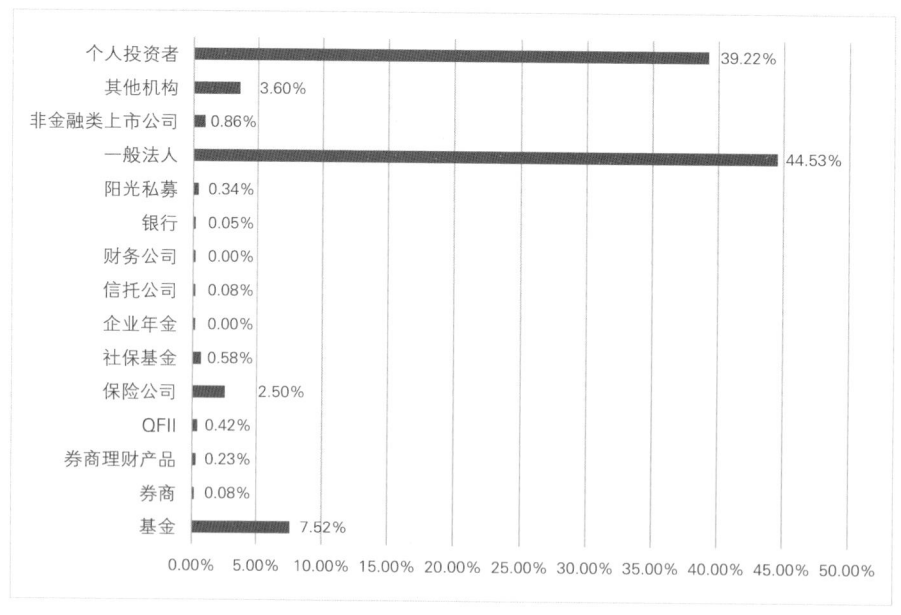

图 5　各类投资者持股占流通市值比

由图 5 可以看出，公募基金（基金）、保险公司、阳光私募、QFII、券商自营和资管等主要机构投资者所持有的 A 股流通市值加在一起只占 11.09%，把非金融类上市公司持有的流通市值也算进去也只占 11.95%。①

如果把一般法人持有的股票从分母中剔掉，差不多个人投资者持有 71% 的比重，机构投资者持有的比重在 29% 左右。

中国 A 股市场迄今仍然是个人投资者为主体的市场。

二、散户主导市场带来的问题

个人投资者中藏龙卧虎。我曾经见过非常专业的个人投资者，他们的投资经验非常丰富，不少人投资理念清晰，还有些人拥有独到的投资心得，有的投资者资金规模有数亿之巨。这些个人投资者的行为是理性并且专业的，他们在某种程度上具备机构投资者的特征。

但毋庸置疑的是，绝大多数个人投资者的资金规模不大，投资经验欠缺，也就是通常所说的"散户"。散户投资者往往不具备正确的投资理念、挖掘优质股票的能力以及风险管理的技巧，但由于散户数量众多，资金总规模非常庞大，他们聚合在一起，成为主导 A 股市场的巨大力量。

散户主导市场会带来什么问题？首先是对市场行为的影响。这包括以下几个方面：第一，赚"快钱"的心理比较普遍，为此不惜借钱加杠

---

① 图 5 中的"其他机构"是包括"北上资金"在内的其他类型的资金的管理者。

杆；第二，喜欢跟风炒作，这导致羊群效应突出，极端乐观与极端恐慌的情绪交替；第三，缺少深入研究股票的能力，没有对股票内在价值的客观判断，非理性行为比比皆是。在各个国家的资本市场上，高杠杆、羊群效应和其他非理性行为都是导致市场波动加剧的主要因素。散户主导市场是 A 股市场波动率较大的主要原因之一。

散户主导市场还会带来其他一些问题。第一，价格发现功能不足，A 股市场的有效性较低，长期看勉强可以算得上是"半有效性市场"，短期看很多时候都是"弱有效性市场"，错误定价较为普遍地存在；第二，价格信号不准确，导致资本市场在优化资源配置方面发挥的作用还不够强；第三，资金的投资期限较短，投资者普遍对分红不感兴趣，只关注资本利得（股票买卖价差），价值投资理念普及的条件还比较差。

第四节
A 股市场的未来

尽管 A 股市场存在很多问题，但我认为它的未来充满希望，它仍能长期保持正收益，并且价值投资的土壤会越来越肥沃！

一、投资 A 股市场的资金十分充沛

未来 A 股市场的资金来源将越来越宽广。首先，我国居民财富累

积规模越来越大，可投资资产占比逐步上升，随着房地产赚钱效应的减弱，股票市场将成为老百姓配置资产的主要方向。其次，随着老龄化社会的来临，社保基金、保险公司、企业年金、养老金等长期资金提供者将越来越重视股票市场，它们的资金将以更大比例进入 A 股市场。最后，外资机构配置 A 股的比例将逐年上升，在十余年的时间里会给 A 股市场输入数以万亿元计的增量资金。所以，A 股市场未来的资金来源会十分充沛，从而给 A 股市场的持续健康发展提供最为坚实的基础。

二、A 股市场能够长期提供正收益

整体上看，一国股票市场的长期收益取决于它的经济增长速度。我国经济目前正在经历主动调整期，无论是供给侧改革还是降速提质，都是政府主动采取的夯实基础、控制风险的战略举措，虽然经济增速下了台阶，但是经济发展的持续性会明显增强。我认为，未来十到二十年，中国 GDP 增速维持在 5%~6% 之间应该比较容易，这一增速在主要经济体中将数一数二，远远好于美国、日本和欧洲各发达经济体。这将为 A 股市场的长期投资回报率提供坚实的支撑。我认为 A 股市场（指数）有机会提供 8% 以上的长期年化投资回报率。在这个过程中，产业结构的转型升级理应基本完成，新兴科技企业将提供显著的超额收益。

三、A股市场的机构投资者占比上升

如前所述，随着金融对外开放以及老龄化社会的来临，外资机构、社保基金、企业年金、养老金、保险公司等各类机构投资者未来将是A股市场新增资金的主要提供方；2019年以来，公募基金的投资业绩明显跑赢指数，公募基金的规模增长高歌猛进，根据基金业协会数据，2021年8月末公募基金总规模（不含货币基金）达到14.26万亿元，比2018年末增长87.22%。以上这些机构所持有的流通市值将占有越来越高的比重。粗略估计，十年以后，我国A股市场按市值计算的机构投资者所占比重有可能超过50%。

另外一个重要的变化是，如今很多名为机构的投资者，其行为存在明显的"散户化"特征，"假机构、真散户"现象较多，它们的持股期限短、炒作之风盛行，而此处提到的新增机构投资者都是真正的机构，它们的资金期限长，持股期限长，考核周期长，投资的主要收益来自分享上市公司的利润而不是股票的买卖价差。这些"真机构"的加入，会让A股市场的投资理念更加成熟，市场有效性大幅提升，股价走势更为理性，资源配置效率更加高效。举个例子：传统上，中国的小股票估值水平更高，大股票估值水平较低，这与美国等发达国家股票市场的情况是相反的；随着"真机构"的壮大，尤其是外资机构的大量买入，A股市场上大股票的估值水平将逐渐上升，小股票的估值水平将经历明显下降。[1]

---

[1] 进入2021年以来，市场上小股票带来的投资收益非常明显，小股票的估值水平有所回升。我认为这主要是由于过去两年多里小股票的估值水平下降太快，降得太低，而引发的自动修复，是一种短期市场现象。与我们这里所谈的长期趋势并不矛盾。

四、主动管理产品有机会长期跑赢市场

理论上，市场有效性上升意味着股票被更准确地定价了，投资者要赚取超额收益就会更加困难。随着机构投资者占比上升，市场有效性加强，会不会使基金公司等专业投资机构更难跑赢市场了呢？我给出的答案是否定的。

美国股票市场上机构投资者持有市值占比高达90%，我国的这一比例哪怕在十年以后也只能达到50%左右，大约相当于美国股市二十世纪六七十年代的水平，A 股市场的有效性虽然会有所提升，但远远达不到强有效市场的程度，错误定价仍然会大量存在。正如二十世纪六七十年代专业投资机构在美国能够轻松赚得超额收益一样，未来十年内国内的专业投资机构也仍然能够比较容易地跑赢市场。

另一方面，机构投资者持有市值比例上升虽然不足以消灭超额收益，却有助于价值投资理念的普及，这会使 A 股市场的价格运行更为合理。比如说，与如今只重视资本利得不同，未来机构投资者将普遍更加重视上市公司的分红，长期持有并分享上市公司的利润将成为更加流行的投资理念。一个更为合理的 A 股市场价格运行体系会带来波动率的降低、小股票估值水平向正常状态的回归，等等，这些都会改善价值投资的环境，有利于专业投资机构做出更好的投资业绩。

总结本章的分析，我们应该对投资 A 股市场充满信心！一方面，我国经济未来将保持长期较快的持续增长，居民财富不断累积，国内各类投资机构快速成长，这些因素将在总体上支撑 A 股市场长期提供较高的正收益。另一方面，A 股市场的投资理念将更加成熟，价格运行体

系将更加合理，这将改善价值投资的外围环境；由于 A 股市场仍然难以达到强有效状态，专业投资机构仍然能够较为容易地获取超额收益，为客户提供可观的投资回报。

第四章

不应该追求的目标

投资领域的很多取舍都不是基于"黑与白""是与否"这类的标准进行的，因为这些区分过于明显，做投资的都是聪明人，一开始就把这类问题解决掉了，根本不会为这些问题纠结。真正需要费心思量如何取舍的通常都只涉及"度"的问题。比如是采用"自上而下"的方法还是采取"自下而上"的方法，就不是一个"黑与白""是与否"的问题，这两种方法各有优缺点，虽然有很多采用自下而上方法取得成功的人，但也有不少采用自上而下方法取得成功的人（我就认识几个），具体到一个投资机构或一个投资者应该采用哪种方法，其实要看"度"上的区别：哪种方法更容易让你成功？哪种方法更适合你？正是这种"度"上的差异，日积月累就会对你的投资业绩产生明显的影响！所以，"度"的问题极其重要，必须把握好，做出正确的选择。本章所探讨的很多问题都是"度"的问题，这里先做个说明，后面就不再一一解释了。

第一节
不要试图预测短期市场波动

我曾经认真研究过很多关于预测的方法，从堪称"严肃学问"的贝叶斯定理，到貌似神秘的看图数浪，甚至试图参透佛学大师的经教，但最终所获甚少。直到近几年我才确信，试图预测短期市场趋势既是难以保证成功率的事情，也非价值投资者必须做到的事情。所以不如把它放下，把省下的精力用于研究个股，这样反而可以明显改善投资的绩效。

一、短期市场无法准确预测

在长期的投资实践中，我曾经有那么几次"准确预测"了一两个月内的股市行情，甚至有一次全年的节奏都"预测"对了，自己还曾一度暗自得意。但更多的时候自己的预测都不够准确，甚至完全不对，这也曾经带给我羞愧和自责。我逐渐意识到，我如果每次都按自己的预测去操作，在看好市场的时候高仓位买入，不知已经破产多少次了；但我如果每次都不按预测去操作，就算预测准了又有什么意义呢？

直到我接触到了塔勒布的"未然的历史"这一概念以及量子力学里的"不确定性"，我才终于释然，彻底放下了做短期预测的企图心。

塔勒布是投资界的天才，他因其著作《黑天鹅》而闻名于世，但他的另外一本书《随机漫步的傻瓜》带给我的触动更大。塔勒布在这本书里讲述了一个思想试验——"未然的历史"：假设在任何一个时间点（T）展望未来，事情有多种发展的可能性（多个方案 A、B、C……），其中每个方案都有一定的概率会发生；一个时期以后（T+1 期），确认其中某一个方案（比如 A）真的发生了；通常在 T 点预测 A 将发生的人会认为自己预测对了，甚至有可能为此沾沾自喜。塔勒布认为，这种以为自己预测对了的感觉是完全错误的，实际上，方案 B 和 C 也有可能发生，只是它们碰巧因为某种具体的原因没有发生，它们是"未然的历史"。假如预测者以为下次 A 一定会发生，那有可能是个巨大的错误。塔勒布的这种思想极具启发性。按佛家的说法，这种思想能够"破执""启智"，它让我们彻底放下试图预测未来的执着，转而寻找更具智慧的方法去做投资。

量子力学构成当代物理学大厦的基石。量子力学有个著名的思想试验叫作"薛定谔的猫"，很形象地描述了量子世界的"不确定性"本质属性。用最通俗的语言来说，假设有一个密闭的箱子，里面有一个辐射源，一个用来记录辐射粒子的检测器，一玻璃瓶易挥发能致命的毒药，和一只活猫；再假设箱子的装置使得检测器的打开时间仅足以使辐射材料中的一个原子有 50% 的机会发生衰变，同时检测器将记录下这个粒子的状态（衰变或者没有衰变）。如果检测结果是衰变发生了，那么玻璃瓶将破碎，猫将死去；反之，若衰变没有发生，猫将活着。现在观察者要确认在某个具体的时间点上那只猫是活的还是死的。按照量子物理学家薛定谔的观点，在我们没有打开箱子进行观察之前，是没有办法知道结果的，由于辐射衰变的发生完全是偶然的，观察者每一次试图打开箱子观测猫的状态时，它既有可能是死的，也有可能是活的，既是死的又是活的，除了在统计意义上之外是不可预测的。量子物理学家眼里的世界的本质是不确定的，猫的死和活这两种状态是"叠加"的。面对股票市场运作，我们每个要做投资决策的人都是"观察者"，观察者在量子力学里具有极为特殊的意义，观察者的观察（测量）行为将导致量子状态的改变。本质上，股票市场也是如此，当我们试图观察股票市场，并依据我们的判断采取行动时，股票市场已经做出了反应，它不再是原来那个市场。量子力学认为，只有观察者记录下来的现象，而没有"基本的现象"。那试问，股市会有一个"基本的未来图景"吗？如果没有这个图景，我们有可能准确预测到它吗？想明白这些，你就不会再白费力气去试图预测明天或者下周、下个月的股市涨跌了。

短期预测不应该去做，但有一个例外，我把它叫作"机制性连锁反应"。我认为这是唯一可靠的判断短期市场特征的方法。比如，我如果知道股票质押融资业务集中发生在上证指数 3000 点的时候，而且券商内部规定质押品下跌 15% 时需要追加质押品或补交保证金，那么大概率在上证指数下跌至 2550~2600 点时，若没有别的巨大力量介入，大股东质押比例较高的股票将经历一波急剧的杀跌行情，踩踏将十分严重。所谓机制性连锁反应，就是一环扣一环的反应链条，中间的因果关系非常明确无误，一旦前面的事情发生，就可以推测后面的事情将会发生。股票市场里存在不少这样的连锁反应机制，需要每位投资者认真总结。

二、立足事实和规律做判断

短期预测不做了，长期预测还要做吗？或者换个问法，长期预测是否比短期预测更容易做出？我的基本判断是，如果把长期预测定义成一到三年，把短期预测定义成一周到三个月，长期预测确实比短期预测好做，因为在长期内经济规律会起更大的作用，心理层面的扰动因素更容易被剔除。但是我在这里想要从根本上否定掉"预测"这个概念，无论是短期预测还是长期预测都应该放弃。因为类似这里定义的长期预测完全可以用另外的概念来阐述清楚。这些概念包括长期估值分位判断与逆向投资理论，以及市场周期理论。

股票市场的估值水平是由经济体中的投资回报率、折现率和股票供求关系等因素决定的，虽然会受风险承担意愿变化的影响，但只会是短期的扰动，不会长时间、大幅度地偏离正常水平。在任何一个时点上，先用过去十年估值数据构造出一个样本区间和各个分位值，再把此时股票市场估值水平在这个区间内所处的分位值弄清楚，就很容易判断此时的股票市场是被低估了还是高估了。如果此时股票市场处于较高的分位值，比如 75 分位以上，大概率股票市场整体上已经被高估，下一步将迎来估值水平的下降；反之，如果处在 25 分位以下，大概率股票市场整体上已经被低估，下一步将迎来估值水平的上升。在这里我们所依据的是"均值回归"原理，均值回归是投资领域的黄金定律[1]。要注意，在此处，我们所依据的只有事实和规律，绝少推测和猜想。

我们可以把上述结论动态化。假设当股票市场估值水平处于正常水平时（50 分位左右），我们保持 50% 的股票仓位；当估值水平向下移动时，每下降 10 个分位值，我们可以加仓 10%；当估值水平向上移动时，每上升 10 个分位值，我们减仓 10%。这就是所谓的"逆向投资

---

[1] 关于"均值回归"原理，有兴趣的读者可以参阅约翰·博格的《共同基金常识》。

法"。它的本质是针对未来的不同情况准备好不同的应对策略[1]。

市场周期理论由霍华德·马克思提出，是另一套基于规律做判断和预案的方法。一个完整的周期可以分为八个阶段，分别是复苏阶段、上涨阶段、筑顶阶段、反转阶段、下跌阶段、筑底阶段、再次复苏阶段、再次上涨阶段。投资的要义就是根据市场所处的不同周期阶段，及时调整投资占位，调整"攻"与"守"的仓位比例。为此，投资者一定要建立周期的意识和整体图景，并识别出当下所处的周期阶段。这套方法同样借重"均值回归"原理，所不同之处是要对周期做出非常详细的分类和研究，这些研究同样只基于事实，不依靠推测和猜想。

总之，投资需要依据事实和规律对未来做出判断，并针对每一种可能出现的情况做出应对的预案。在这个过程中，要重视事实的重要性，重视均值回归等基本规律，但不做无益的猜测和想象。如果有人说他可以准确预测短期市场走势，你最好离他远一些，这样可以减少你的损失。

第二节
不要寄希望于别人推荐牛股

很多普通投资者认为赚快钱的最好方法是从"机构""庄家""专

---

[1] 约翰·邓普顿在《约翰·邓普顿的投资之道》一书中对"逆向投资"法则有详细的介绍，感兴趣的读者可以参阅。

家"那里打听几只牛股。但是，多数情况下这只会给你带来亏损。一来，所谓的"机构""庄家""专家"可能并不如你想象的那样专业，他们推荐的股票未必真是牛股；二来，即使真是牛股，你并不知道选出这只股票的理由和逻辑，而股票自身的情况以及市场环境千变万化，牛股成立的条件可能很快就变化掉了，而你并不知情，就会遭受严重亏损 [1]。

一、别人推荐牛股的概率不大

首先，正规的投资机构是不会向投资者推荐股票的。无论是资产管理类的机构还是自营类的机构，每种投资机构都有自己严格的纪律，不可以向外部人士透露自身的选股结果。法律法规也对此严加限制，除以规定的方式对外披露信息外，向外透露持股情况或者股票池情况都属于严重的违规行为，一旦被发现，相关责任人员轻则丢掉工作，重则牢底坐穿。因此，你很难期望一家正规投资机构的工作人员给你推荐股票。

其次，与"庄家"共舞的时代已经成为过去。站在 A 股已经步入而立之年的当下，"庄家"的形象已经远不如 16 年前那样既充满神秘感又无处不在。现在，庄家已经成了过街老鼠，人人喊打，虽然不能说庄家完全消失了，但它确实已经不成气候。指望一个庄家随心所欲地操纵一只股票，并且把这个消息私下告诉你，这个希望比你此生登上火星还要渺茫。如果有人接近你，并自称庄家，愿意给你推荐一只牛股，请

---

[1] 我的同学大磊就经常在大户室（后来是大户群）里听人推荐股票，亏损了不少钱。

你赶紧远离他，否则你有可能追悔莫及。

最后，许多所谓的"专家"基本上不可信。除了前述两类人员，敢自称"专家"的通常就是形形色色的咨询人员了，这些咨询人员又分为两类：一类是在券商等持牌机构里工作的人员，一类就是号称炒股经验丰富并有独到、神秘赚钱技巧的人员。前者不敢胡来，但是受制于证券从业人员不能买卖股票的规定，多数人实际投资经验有限，推荐个股的能力需要认真评判。后面这类人员如果找上了你，而你又不是亿万富豪，基本可以断定他就是骗子。

有的朋友碰到一种特殊的情况，比如自己的发小或多年的老同学，个人确实靠投资股票赚到了钱，又愿意推荐股票，他推荐的股票总不会有问题吧？的确，有这种朋友算是幸运的。但是，第一，他仍然有可能是靠运气赚到的钱，本身并没有成熟的投资理念和投资技能；第二，即便他真的有投资能力，我建议你多向他讨教投资的方法和心得，或者直接把钱交给他管（别忘了付给他一些合理的报酬），而不是听他推荐股票，因为他可能顾不过来，在一些关键时刻忘了提醒你正确的操作策略，使你遭受严重亏损。

总之，靠人推荐牛股不是致富之道，向人打听牛股也并非明智之举。

二、牛股可能很快变成熊股

假定你是上文描述的那个幸运的人，有真正具备投资能力的发小或老同学愿意时不时地给你推荐牛股，那什么情况会是上文提到的"关键时刻"，只要他忘了提醒你正确的操作策略，你就会遭受严重亏损？或者更泛泛地问，"听别人推荐牛股就买入"的后患有哪些？

首先，牛股价格上涨到一定程度就不再是牛股。如果确实是牛股，等到市场发现了它的价值，它的价格一定会上涨，等价格上涨到一定高度时，就会明显超过其内在价值，这时这只牛股就已经变成了一只风险股。如果你的朋友没有及时提醒你抛售这只股票，你就有可能遭受严重亏损。我们可以拿吹气球打比方，气球总是慢慢吹大的，一旦泄气却瞬间就会瘪掉。股票价格的变化也往往如此，当价格过高时，你如果没有及时把股票卖掉，就有可能遭遇股价的一路下跌，损失惨重。

其次，基本面变化可能导致牛股的牛气不再。一只牛股可能遭遇公司内的重大变化，比如关键人物离职；也有可能碰到行业变化带来的冲击，比如竞争格局突然恶化；还有可能碰到新技术的冲击，比如颠覆性技术的出现带来降维打击；以及政府产业政策的变化，比如对公司或公司产品的政策补贴突然取消，等等。这些因素都有可能使一只牛股的基本面发生天翻地覆的变化，让它迅速变成一只熊气十足的股票。如果你只是听别人建议买入的这只股票，并不明白它背后的推荐逻辑，当这些不利变化发生时，你就不会表现出应有的敏感性，面对股价下跌就会无动于衷，说不定还会去抄"底"。

最后，会计规则或税收政策等有可能打击牛股。除上文提到的各点之外，还有一种更加隐蔽因而更有破坏力的不利变化，那就是与股票所在的公司和行业都无关（不在通常所说的基本面范畴之内）但却会直接影响一只股票的盈利指标的因素，比如会计规则的某种调整。前两年我们就曾经历过这样的事情：新生效的会计准则不再允许把自有资金投资收益放在"综合收益"科目，而必须计入当年损益，如果该上市公司当年的自有资金投资存在大量浮亏，则股价就会大跌。税收政策、贸易摩擦也有发生类似不利变化的可能。如果牛股正好处在被冲击的风口浪尖上，就有可能出现股价大跌。

所以，道听途说得到的"牛股"很可能会给你带来惨重的损失。

三、学会投资方法才是正途

正确的方法是，不看重别人推荐了什么股票，而要看重别人推荐股票的逻辑。不羡慕别人挑选到牛股，而要学习别人选股的能力。简言之，学会投资方法才是正道。

假如你身边有专业投资机构的从业人员，或者有真正的投资专家，你应该多向他们讨教投资理念、选股方法、风险控制技巧，等等，而不是要求推荐股票。就专业投资机构的人员来说，他们不能违反法规向你推荐个股，但传播正确投资理念却是他们能做的，对有些专业投资机构来说还是大力提倡的行为。如果投资专家又是发小或老同学，就更加没有道理不教给你这些东西。当然，你也应该做足准备工作，比如把相关的背景知识先自己学习一下，要当一个值得教的学生。

如果你的时间、精力有限，或者不愿意学习投资方法，还可以选择另外一条道路，那就是把自己的资金委托给值得信赖的专业投资机构去打理。

第三节
不要拿短期资金来投资股票

你拿什么钱去投资是个十分重要的问题。约翰·邓普顿告诫我们永远不要借钱去投资股票，巴菲特力劝我们不要轻易使用杠杆，因为一个人如果用借来的钱做投资，心态会变得急躁，使用杠杆还会加大投资的风险。以上这两点应该已经成为常识，我就不再重述。我今天想和大家讨论的是：不要拿短期资金来投资股票，要拿真正的闲钱来做股票投资。

一、投资期限够长才有把握等到价格向价值回归

在投资理念部分，我们曾经提到"投资获利的过程就是等待价格向内在价值回归的过程，也是内在价值不断成长的过程，而这需要时间，所以价值投资往往是长期投资。"在实际投资过程中，价格围绕价值的游走轨迹可能是十分复杂的，低估——趋近——高估——趋近——再低估——进一步低估，这些都是正常的走势，并且价格可能在低估（或高估）的位置上停留较长时间。虽然我们相信价格最终一定会向价值回归，但我们必须让我们的投资组合能够等得到这一天的到来，这就要求我们的投资期限够长。否则，就有可能等不到价格回归到价值的那一天，在价值被严重低估的时候，如果你必须撤出资金，那就意味着你会遭受严重亏损，哪怕你挑选到的股票最终证明是

一只大牛股，也无济于事了。

二、投资期限够长才能超越 A 股市场高波动

在上一章我们曾经得出过这样的结论：A 股市场的收益率并不比美股差，但波动率远高于美股。在 A 股市场做投资要解决的一个基本问题就是如何管理好波动性。我认为解决好这个问题需要做到两条：第一，精选个股。一定要挑到好的股票，好股票会大大提高你投资的胜率，在市场不停波动的时候，好股票的走势更容易画出一条稳定向上的曲线。第二，拉长投资期限。杰里米·西格尔对美国 200 年股市研究的结论证明，长期投资收益主要来自股票的分红和权益的增长，资本利得所占的比重微乎其微。换句话说，长期投资的效果主要取决于股票的基本面好坏，与市场波动关系不大。我们不可能构建一个 200 年的投资组合，但只要我们的投资期限超过了大部分的市场波动周期，就可以把波动性带来的不确定性降到最低程度，收获投资 A 股市场应有的收益。

我们对 A 股市场的波动周期进行了研究，平均看来一次牛熊转换大约需要 3 年，如果你的投资期限超过 4 年，就可以超越 75% 的波动；如果达到 5 年，就可以超越接近 90% 的波动。

三、资金期限过短容易引发赚快钱的错误心态

如果你 4 个月后就要缴纳购房的首付款，现在股票市场看上去颇有

机会，你就把准备用来交首付的钱投入 A 股市场，打算赚上一把再抽回本金去交首付，这是不是一个好主意呢？我身边不少朋友都曾被这个问题困扰过。他们看好市场的理由各异，既有被牛气冲天的股市诱惑得心痒难耐的，也有觉得熊市即将调头的，更有人发现个股极佳投资机会的。他们的资金用途也许有所不同：有的是要装修房子，有的是为子女出国留学付学费，还有的是准备投资兴办实业的。他们的期限或许不是 4 个月，而是 3 个月或者 6 个月。但是他们的共同点都是：很短的期限后就要用钱，在这之前想利用这笔钱作本金赚点钱回来。

我必须说，这是个极其糟糕的主意。它大概率不会给你带来回报，反而会让你遭受亏损，甚至影响你交首付、装修房子、付学费、办实业的大事。原因有两个方面：第一，你的投资期限太短，股票市场在短期内什么情况都有可能发生，你期待的牛市或许没有展开，熊市却可能不期而至，你看好的股票价格不仅没有上涨，还有可能出现下跌，而你却没有时间等待市场去纠正错误，这时你的投资就只能承受亏损而后出局。第二，你抱着的是一个"赚快钱"心态，它会诱使你偏离价值投资的原则，你选择的投资标的很可能是那些题材股、别人推荐的牛股或者处在景气顶部的周期股，这些投资标的本身并不稳健，分寸和时机把握得稍有差错，就有可能让你遭受严重亏损。

综上所述，建议大家一定不要拿短期资金来投资股票或者权益类的基金产品、专户产品。你用来投资股票或权益类产品的钱，一定要是真正的"闲钱"，你的投资期限最少也要达到 3 年，如果能超过 5 年就更好。

在投资活动中，不应该追求的目标远不止以上三种，但我认为上面三种是最常见的错误，如果能够克服掉它们，投资的胜率就会大大提高。其他不应该追求的目标还有很多，在这里我稍微提一下，就不再展开了。

第一，不愿意承受任何一点净值波动，却希望获得较高的收益。依据投资学原理，这是不可能长期做到的，就像不允许你屈膝弯腰却要求你跳得很高一样。"无风险收益"大致能符合这类投资者的要求，但真正无风险的资产只有国债，它的收益率通常在3%左右，无法很好地对抗通胀。

第二，希望选出完美的股票再去投资。在很大程度上，完美的股票是不存在的。基本面越好的股票，价格就越高，也就是说好股票往往没有好价格，而价格低的股票往往基本面有瑕疵。如果你指望选出完美的股票再去做投资，可能永远都没有投出去的那一天。要牢记，投资决策是个风险—收益权衡的过程，投资不需要完美的股票，只需要风险收益比很划算的股票。

第三，指望通过充分多元化来把组合风险降到零。首先，系统风险是无法靠多元化分散掉的。其次，即便你的目标是分散非系统风险，30~40只股票也就够了，对于规模不大的资金来说15~20只股票就够了，再进一步增加持仓股票数量对于分散风险的效果很有限，却会大幅度分散你的注意力，影响你对重点股票的研究深度，从而损害投资收益。

第五章

如何借助专业机构的力量赚钱

是否要借助专业投资机构比如基金公司的力量去赚钱，关键取决于两个问题：第一，把钱交给专业投资机构打理是不是比自己打理更有好处？第二，专业投资机构赚取的超额收益（阿尔法）是不是比其收取的管理费（含业绩报酬，下同）要高？如果这两个问题的答案都是肯定的，那么，你就应该把资金交给专业投资机构打理。

第二个问题的答案相对容易找到。根据中国基金业协会公布的数据，1998—2017 年底，公募基金成立 20 年来偏股型基金的年化收益率平均为 16.5%，超过同期上证综合指数平均涨幅 8.8 个百分点[1]。

第一个问题的答案则因人而异。对于那些具备投资能力，能够专注地做投资，自律能力又极强的人来说，把钱交给专业投资机构打理的必要性可能不大。不过这样的人在现实生活中极其少见，说万里挑一绝不为过。对于大部分人来说，通常从事着一份朝九晚五的工作，不可能把主要精力用来研究股票；或者虽然知道投资的原理，却缺少足够的自制能力，无法按照正确的原则去操作；或者只对少数行业、个股有一定的认识，但无法形成真正的认知优势。凡此种种，都很难在日益激烈的投资竞争中立于不败之地。对于这些人而言，把钱交给专业投资机构打理才是正确的选择。

有的读者心生疑窦：如果是与中证全指或者创业板指做比较，偏股型基金的超额收益率还能超过 8 个点吗？我们估计，换了比较基准，偏股型基金的超额收益确实会有所下降，但依然有 3 个点以上。然而，我在这里想强调的不是这一点，我想重点说明的是：**好的基金公司创造超额收益的能力要远远强于基金行业的整体水平**。在 A 股市场上，有少数基金公司、少数基金产品常年维持着 8 个百分点以上的费后超额收益。如果读者能够选出这样的基金公司和基金产品，把钱投入进去，长期持有其基金份额，则你的整个人生都有可能因之发生巨大的变化。

那么，如何才能把这些好的基金公司和基金产品挑选出来呢？本章的目标就是帮助投资者解决这个问题。

---

[1] 数据来源：上海证券报社出品《公募大时代（1998—2018）》，上册，第 31 页。

第一节
学会鉴别好的基金公司

在第二章，我们用了较大的篇幅来讨论专业投资机构应该如何落实价值投资理念，那些讨论为我们鉴别好的基金公司提供了许多重要的线索。当然，站在普通投资者的角度，纯粹使用公开信息，要从上百家基金公司中挑选出一家好的基金公司还是一项颇具挑战性的工作。我认为，挑选好的基金公司可以按照如下标准进行：清晰的价值投资理念，稳定的投资队伍，强大的研究团队，3年以上持续、优秀的投资业绩，单位管理费对应的较高收益。

一、判断优秀基金公司的五个标准

（一）清晰的投资理念

投资理念就是赚钱的路数，也就是靠什么赚钱。先了解清楚基金公司的投资理念再决定是否把钱投给它才是合适的。

对普通投资者而言，有以下几个渠道了解基金公司的投资理念：第一，基金公司总经理、投资总监等高管接受媒体采访的公开报道；第二，基金公司网站、App、官方微信公众号等上面的介绍和说明；第三，证券交易所举办的系列投资者教育活动——"走进基金公司"，它采用到基金公司逐家实地考察的方式开展，基金公司高管通常会在这个场合介绍公司的投资理念。普通投资者既可以报名到基金公司参加现场活动，也可以通过全景网等网络媒体观看视频和报道。第四，少数基金公司会自主开展系列投资者教育活动，主动介绍自己的投资理念。投资者还可以通过在基金公司官方微信上留言提问的方式了解该公司的投资理念。总的来说，一家基金公司如果有清晰的投资理念，通常会非常乐于对外做出说明，普通投资者要想了解并不难。如果一家基金公司从来没有宣示过它的投资理念，甚至提问也不回答，那有一种可能性，就是它根本没有清晰的投资理念。这样的基金公司最好避开。

当我们了解到一家基金公司的投资理念时，如何判断它是否清晰呢？三个标准：明白易懂，逻辑自洽，较易执行。如果说不奉行价值投资理念就不能赚钱，那可能过于武断了，但确实很少见到价值投资理念以外能够表达得符合以上三个标准的其他投资理念。对于不明确奉行价值投资理念，而又不能把自己的投资理念说得明白透彻的基金公司，读者可以退避三舍。

（二）稳定的投资队伍

丰富的经历，包括失败的经历，对投资人员而言都是宝贵的财富。经历过的牛熊转换越多，见识过的极端事件越多，投资人员就越具备定力和智慧。普通投资者把钱交给这样的基金经理打理，就相当于自己少犯了很多错误，少走了很多弯路，少损失了很多钱。所以，一定要挑选投资队伍稳定的基金公司来投资。

普通投资者可以通过如下方式获知基金公司投资队伍是否稳定：第一，查询该公司基金产品的信息，看基金经理已经任职多少年。万得资讯、同花顺等行情软件上都可以查知这些信息。如果该公司大部分基金经理都已任职多年，则该基金公司的投资队伍比较稳定；第二，留意该基金公司人员流失情况，知名基金经理如果离职，媒体通常会有报道；第三，留意该基金公司更换基金经理的公告，如果一位基金经理卸任却又没去管理其他基金，尤其是他突然同时卸任多只基金的经理，则基本可以断定他已离职。

（三）强大的研究团队

如前所述，价值投资和自下而上的选股方法需要有强大的研究团队作支撑。按 30 个一级行业、4700 只股票来论，要有 15~20 人的专职研究团队才能有效覆盖，要做到深度全覆盖则需要 25~35 人。投资者一定要了解基金公司的研究团队配置，才能知道它的投资业绩有没有扎实的基础。

由于研究团队的情况不在公开信息披露的范围之内，要了解一家基金公司的研究团队实力需要额外付出一些努力。普通投资者可以联系你的银行理财经理，如果该银行与你所关心的基金公司存在产品代销关系，委托银行理财经理去向他所熟悉的该基金公司的渠道销售人员问询，应该能够拿到关于研究团队的粗略数据。除了了解研究人员的数量，也应关心研究人员的质量，最主要的质量指标是研究人员拥有多少年的行业研究经验，通常有三年以上工作经验的研究员才勉强算得上是资深的研究员。

（四）优秀的长期投资业绩

这是非常重要也是比较容易获得的数据。行业内有很多家研究机构提供此类数据。普通投资者可以从行情软件上获得比较齐全的数据，银河证券、海通证券、招商证券、上海证券等多家证券公司的研究所以及天相投顾、济安金信等咨询机构都在提供基金评价的服务，投资者通过联系他们也可以获得相应的数据。

良好的投资业绩有几个特征：第一，收益率较高，超过业绩基准5个点或以上；第二，夏普比率较高，应该在1以上，即每一个百分点的波动对应的投资收益率应该超过一个百分点；第三，业绩持续的时间要长，昙花一现式的投资业绩就算再亮丽也不值得信任，最好要有三年以上的业绩。

（五）单位管理费对应的较高收益

从本质上说，基金公司收取管理费是因为它为基金持有人提供了专业化的投资管理服务，是因为它为基民赚到了钱。尽管现阶段浮动管理费还没有全面铺开，基金公司收取管理费也没有以为基民赚到钱为前提，但计算"每单位管理费对应的为基民赚取的投资收益"仍然是非常有效的区分基金公司优与劣的方法。这个指标越高，就说明买该基金公司的基金产品越划算；反之，买该基金公司的产品就比较不划算。

这个指标的计算有些复杂，需要找到某基金公司每只基金各个时点的费率，乘以它对应时点的规模，累计算出它的管理费，然后把该基金公司各只基金产品的管理费加总，所得之和作为分母；再计算每只产品的累计投资收益（分红应该计算在内），加总得出该基金公司所有产品的投资收益，作为分子，就可以计算截至任一时点该基金公司的单位管理费所创造的投资收益。

二、挑选优秀基金公司要关注三个关键问题

用以上五个标准挑选出优秀基金公司之后，你应该已经锁定了投资的对象。但是这时你选出的很可能是几家而不是一家基金公司，甚至选出的基金公司水平相当，难以取舍。我建议你进一步考察以下三个关键问题，应该可以帮助你选出最适合于你的基金公司，并规避掉一些风险。

（一）要准确判断一家基金公司的真正长项

有的基金公司债券投资比较强，权益投资相对弱；有的基金公司则相反。有的基金公司把指数产品和 ETF 等被动产品作为发展重点；有的基金公司则坚守主动管理领域。有的基金公司偏好"深度价值"，只买非常便宜的股票；有的基金公司则善于挖掘成长股。有的基金公司善于逆向投资，往往在（底部的）左侧建仓；有的基金公司宁愿顺势投资，往往在（底部的）右侧建仓。有的基金公司基本不做择时，始终高仓位运作；有的基金公司则会做择时，仓位灵活控制。有的基金公司把绝对收益理念强调得比较充分，每只产品的初期操作都非常谨慎；有的基金公司则完全按基金合同来操作，第一时间建好仓位……

这样的对比还可以继续下去，从中可以看出基金公司投资风格的多元化，以及投资能力建设的不同路径。每一种风格和路径，对应的投资业绩表现都可能相当不同，投资者在决定投资于哪家基金公司时一定要选择适合自己的。比如始终高仓位运作的基金公司，其投资业绩的波动性通常更大，它主要靠长期业绩和高夏普比率制胜，投资者要把钱投给这家基金公司，则要做好承担业绩高波动性的准备，并且资金的期限要

相对更长一些。再比如，遵循"深度价值"理念的基金公司其投资风险很小，但是很有可能错过由估值提升带来的大牛市——你不能指望遵循"深度价值"理念的基金经理去赚估值泡沫的钱。

要强调的是，在这里的每一个对比组中，都没有绝对的优劣之分，对你只有适合与否的区别。大体上说，如果你是个不喜欢风险／波动性的人，你应该选择"深度价值"、右侧建仓、适度择时、践行绝对收益理念的基金公司；如果你是个愿意冒点风险追求更高收益的人，你应该选择偏爱成长、左侧建仓、高仓位运作、追求相对收益的基金公司。

（二）要了解基金公司最近是否发生重大变化

所谓重大变化，至少包括以下几个方面：第一，基金公司的主要股东尤其是控股股东发生变化。根据《中华人民共和国证券投资基金法》（以下简称《基金法》），基金公司的日常经营不受股东干涉。但是主要股东对基金公司依然有着决定性的影响。这些影响包括但不限于：激励机制是否会恶化，经营班子能否保持稳定，考核导向是否变得更为激进甚至产生偏差，等等。历史上因为控股股东发生变化导致基金公司一蹶不振的例子时有发生。遇到这种情况，投资者应该了解这家新晋股东的企业性质、实力、主要领导人市场化程度、旗下其他金融企业运转好坏等方面的信息，以便做出定性的判断。第二，基金公司的总经理发生更换。根据《基金法》规定，总经理是基金公司日常运作的核心，总经理通常对一家基金公司的企业文化、价值观、投资理念等有着直接的影响，更换总经理在一定程度上代表着这家基金公司会发生不少变化。遇到这种情况，投资者应该认真了解一下新任总经理的履历和投资理念，看看是否与该公司原有投资理念一致。第三，基金公司投资总监发生更换。投资总监负责基金公司投研团队的日常管理，投资总监本人的投资理念、管理风格在基金公司内部会产生系统而具体的影响。一旦投资总监发生更换，往往会在投研团队内部造成摩擦和扰动，甚至导致基金经理、投资人员成批离职的情况发生。当投资总监发生更换时，投资者应重点了解新任投资总监的投资理念是否清晰、正确，其管理风格与上任投资总监差异是不是很大。

（三）要甄别出那些毁灭价值而不是创造价值的投资机构

不能赚钱的投资机构当然就是毁灭价值的机构。如果一家基金公司的产品线上没有几只赚钱的基金，大家对这类投资机构当然容易识别。但是另外几种情形却比较隐蔽，普通投资者不容易识别出来。

第一种情形是牛市里业绩弹性很大、熊市里调整也特别剧烈的投资机构。这类机构往往会在牛市后半段博取业绩锐度，并全力以赴发行新产品，做大资产规模。一旦熊市来临，高点进来的客户全部陷入亏损。这类机构的投资业绩波动幅度特别大，并且下跌幅度往往大于上涨幅度。如果把资产规模考虑进去，也就是用资产规模加权，由于在业绩下行时它们的资产规模明显比业绩上涨时要大得多[①]，它们为客户赚取的收益就会远远小于它们给客户造成的亏损，所以它们是不折不扣毁灭价值的投资机构。

第二种情形是靠押行业、押赛道、押主题的方法获得短期业绩锐度的投资机构。它们的共同特点是无法通过分散化投资来降低风险，并且

---

① 这是因为当市场下跌时，买在市场高点上的客户往往会遭受实质性亏损。大部分客户在这种情况下不愿意赎回基金（不愿接受亏损），结果基金公司的规模反而保持住了。

净值波动非常大，特别容易陷入过度炒作带来的泡沫破裂风险。基金公司如果只是对上游合格投资者提供资产配置工具，并且对投资者充分地提示了风险，是无可厚非的，否则，就有可能给普通投资者造成严重的亏损。另外一种情形更加恶劣，一些基金通过偏离基金契约规定的投资范围来押行业、押赛道、押主题，比如明明是全市场选股的基金却高度集中地投资于某个热点行业，明明基金合同说是消费主题基金却押注周期行业，等等，在客户不知情的情况下，使其承受过高的风险。

　　第三种情形是投资风格明显漂移的机构。风格漂移有几种不同的含义：首先是法规上的定义，指一只基金的实际投资组合严重背离基金合同的相关规定。比如基金合同规定投资于绩优大盘股，实际上买的主要是题材小盘股。其次是基金经理个人的风格漂移。常见的情况是在全市场选股的基金中，基金经理对外发表观点时一再强调自己坚持价值投资理念，不买高估的股票，但随着股市牛市氛围的不断加强，基金组合里变得几乎都是高估值的股票。最后是基金公司整体投资理念和投资风格的明显漂移，这通常是因为基金公司关键人员变更或者考核导向发生明显变化导致的。无论是哪种风格漂移，对投资者而言都意味着基金经理甚至基金公司不可靠、言而无信，意味着不确定性的增加，大多数情况下都会给基金持有人带来意想不到的损失。

　　投资者应该努力鉴别以上几种毁灭价值的投资机构，并与这些机构保持距离。

规模大的基金公司就一定是好基金公司吗?

基金公司的资产规模大小不只是与它的投资能力强弱有关，还与成立时间早晚、成立时机、股东背景等因素有很大关系。一般来说，基金公司成立的时间越早，越有先发优势，它的规模就越大；成立之后经历过完整牛市行情的基金公司，由于牛市效应，规模要比成立之后遭遇长时间熊市的基金公司大得多；控股股东是大型商业银行和保险集团的基金公司，规模一般要比同期成立的基金公司大得多，因为股东通常会提供很大的支持。在以上几种情况下，基金公司规模背后的驱动力量都很可能不是投资业绩。

而对基金投资者来说，评判一家基金公司好坏的最关键指标是其投资能力强弱。既然在以上这么多情况下规模都不能代表投资能力，把规模作为评判基金公司好坏的关键指标显然可能会产生误导。

第二节
学会分辨好的基金产品

对于大多数投资者来说，只是搞清楚哪家基金公司是优秀的资管机构还不够，毕竟，投资者不可能把一家基金公司的所有产品全部买下来，事实上即使是资金实力雄厚的投资者有能力这样做也并不是个聪明的举动，因为哪怕是在一家优秀基金公司内部，基金经理和产品也有着明显的好坏之分，投资者必须完成的一个任务是：学会挑选基金产品。本节我们把所研究问题的颗粒度再向下延伸一个层级，来看基金产品的好坏应该如何鉴别。我们首先静态地分析优秀基金的标准，然后再来动态地看看跨年度选择基金等问题。

一、优秀基金的标准

（一）投资理念清晰

投资的理想境界是：不仅赚到了钱，而且知道是靠什么赚到的钱。要达到这种境界，就需要弄明白你所投资的基金秉持的投资理念。投资理念有两种界定方式：其一，是基金经理本人的投资理念，这往往在基金经理接受媒体采访或者发表文章时会有系统的表述；其二，是基金产品的投资理念，这往往会在基金招募说明书或者基金合同里明确阐述。这两者并非总是一致的。相对来说，前者更加重要。

一般说来，投资理念清晰的基金经理都愿意向外界阐述明白自己的投资理念。这既是为了扩大影响、争取信任和拓展业务，有时也是出于自信和寻找同道中人。反过来，如果一位基金经理没能很清晰地说明自己的投资理念，那么很可能不是因为他不愿讲明白，而是因为他还没有形成清晰的投资理念。这样的基金经理还处于方法论的探索期，一般不宜投给他太多的资金。

投资理念讲得明白只是一个基本的要求，知行合一、言行一致更为重要。如果一位基金经理说一套做一套，即使说得再好，他的投资理念都是没有意义的。

（二）投资风格稳定

投资理念与投资风格是两个层面的东西。比如，同样遵循价值投资理念，有的基金经理偏好低估值投资，另外一些基金经理则偏好成长型投资。这就出现了两种不同的投资风格，它们在基本投资原则上是一致的，但在个别维度上取值时存在刻度上的不同偏好。比如所有的价值投资者都遵从"安全边际"原则，低估值投资者把"价格折扣"视作安全边际，偏好在股票市价明显低于其内在价值时买入股票，而成长风格投资者则把"认知优势"视作安全边际，偏好投资于自己对其商业模式和核心竞争力等有把握、未来成长可期的股票，对其当前价格则不太在意。

投资风格有各种区分维度，上面所提的只是其中一个维度。大盘股／小盘股、左侧／右侧、集中／分散等，都是界定投资风格时常见的维度。

对于一位基金经理而言，投资风格是其投资理念和方法论与其个性、行业研究经验等因素相结合之后形成的最优选择。投资风格不稳定意味着基金经理经常偏离这一最优选择，对获得长期稳健的投资业绩是不利的。风格漂移的基金经理很少是业绩的常青树。

（三）长期业绩优秀

基金行业有句名言：一年翻倍易，三年翻倍难。很多人参透不了其中的道理。是啊，如果一年就已经翻了一倍，三年肯定应该增值更多，最不济满一年后洗手不干了，总不至于比三年翻一倍要难吧？实际上这句名言广泛地被基金从业人员所接受，因为大家都知道一年翻倍的投资选手比较常见，在风格对路的时候，或者简单地靠押赛道、押行业，很多年份都有不少基金经理实现净值翻倍，但这些选手两年后业绩还能否保持得住是个大大的问号，因为市场牛熊变换、行业景气流转，主导风格也会切换，前期上涨得多的，后期往往也跌得惨；反过来，如果某个基金经理在三年内实现净值翻倍，那么他三年间年化收益率将达到26%！这是个相当靓丽的业绩。

在中国的基金行业，一名基金经理连续管理同一权益类基金的最长业绩已经有 15 年，年化收益率大概在 21%。这个收益率乍看起来并不高，但是假如你在 15 年前投入 1 万元买入了他的基金，现在这 1 万元已经变成了 21 万元，增长率达到惊人的 20 倍。

只有长期业绩优秀，才表明基金经理的方法论比较成熟，能够适应不同的市场环境，才能够最大程度上实现资产的长期保值增值，才值得你把资金长期交给他打理。

（四）较高的夏普比率

一只基金的收益率是高还是低，不仅要与其他基金的收益率做比较，更重要的是要与这只基金所承担的风险做比较。我们必须问的问题是：每赚一分钱，这只基金承担了多大的风险。假定基金 A 的年化收益率是 20%，基金 B 的年化收益率是 15%，但是基金 A 承担的风险是基金 B 的两倍，那么哪只基金更值得投资？答案是基金 B。因为总会有那么一天，基金 A 会以更大的概率遭受严重的损失，而基金 B 遭受损失的概率则会小得多。

在投资学中，能反映投资收益背后承担了多大风险的指标有很多种，其中最具代表性的是夏普比率。一只基金的夏普比率越高，说明它取得既定投资收益所承担的风险越小。因此，我们一定要选择夏普比率比较高的基金去投资。

（五）较低的换手率

正如我在前文曾经提及的那样，价值投资通常是长期投资。在组合管理上，这会产生一个比较直观的推论：奉行价值投资理念的基金经理，其基金的换手率应该低于市场所有基金的平均换手率。换个角度想也很容易理解，对于一个买入股票希望分享上市公司成长性的基金经理来说，他没有必要频繁更换好不容易挑选出来的股票。除非，他经常挑错股票[①]。

高换手率的另外一个直接后果是基金净值损失。基金经理频繁换手，将导致交易费用上升，而这些费用都是由基金资产承担的，也就是由你——基金持有人承担的。

以上分析说明，我们应该选择低换手率的基金作为投资对象。

二、动态的基金选择

首先要声明，这里的"动态"绝不明示或暗示买基金需要经常换来

[①] 从实际情况看，基金经理的成长过程往往伴随着换手率的下降。我们就有一位基金经理用了三年时间把换手率从 6 降到 3 以下，这三年里他的个股研究深度得到了显著提升。

换去。我认为基金投资的基本理念是"选准了就稳稳地拿着"，时间越长越好。这里的"动态"是指在基金选择中要引入动态的眼光，用动态的眼光才能看清基金业绩波动的规律，才能在特定的时点上挑准基金、避免亏损。

（一）避免买入上一年度的业绩冠军

某天中午，我正在办公室小憩。睡意正浓时，一位前一天刚刚结识的朋友打电话过来，说他有一笔钱想投资买基金，问我有什么建议。睡眼惺忪的我强迫自己打起精神，因为我不想给他提出错误的建议。我那时想到的第一条建议就是：不要买入上一年度业绩最好的那只基金。

我的这个观点来自个人长期的观察：在基金行业里，上一年度的业绩冠军通常在下一年度业绩表现一般甚至比较差。后来我在书店偶然寻得一本书，名字叫作《市场真相》，这是美国人杰克·施瓦格基于美国的数据所做的分析，作者在美国资产管理行业观察到了我在中国看到的现象，并在书中详细分析了这一现象背后的原因，论证了它为什么应该被认为是一条规律。作者的观点印证了我的观察，使我有更强的信心把这一结论作为建议提供给朋友。

有兴趣的朋友可以看看《市场真相》这本书，我不可能讲得比这本书更好，所以这里就不再解释这一结论背后的原因了。

（二）识别基金经理的业绩周期

富达国际的创始人爱德华·C.约翰逊曾经说过："明星只有在他们的成长阶段才能创造出最佳业绩。这不仅适用于体育领域、艺术领域，也同样适用于投资领域。一旦创造了这种辉煌，以后他们就再也达不到这种巅峰状态了。"①言下之意，每一位基金经理也都有自己的业绩周期。这里所讲的不是针对市场风格而言的顺风期或者逆风期，而是由基金经理个人内在原因所决定的较长时间跨度的业绩周期。这些内在原因可能包括：个人方法论的发展周期，个人能力圈的扩大与整固过程，个人对新技术周期／产业周期形成正确理解和把握能力的过程，等等。

见过不少基金经理年少得志，市场行情正好与他的能力圈契合，加上初生牛犊不怕虎的锐气，让他一举成名。这时他的方法论还没有发展完善，也只在较少的行业建立起了认知优势。如果他不能以谦虚、开放的态度对待市场，不能以积极进取、只争朝夕的精神扩大能力圈，那么，他的业绩很有可能只是昙花一现，成为基金行业的方仲永。

也有一些基金经理成名多年，由于种种原因，比如担负了过多的管理职务，或者是学习心态不再积极，或者是身体、家庭方面的拖累增加，使其专注度和理解新事物的能力大幅减弱。这时，他的业绩鼎盛时期很可能已经过去，从此步入平淡的职业生涯。

居于两者之间的是那些管理基金的实战经验足够丰富、方法论臻于完善、能力圈比较宽广、精力充沛、心态积极的年富力强的基金经理，这些人的业绩处于上升期，相比之下更有可能保持业绩稳健持续。如果一定要给出一些定量指标的话，我认为拥有 5 年以上连续的业绩记录、全市场选股（不是主题基金）的基金经理更有可能符合上述条件。特别需要指出的是，有些基金经理经历过业绩的挫折，随后又取得了连续的良好业绩记录，这类基金经理值得给予更多加分。对他们而言，从挫折

---

① 约翰逊的这段话摘自《安东尼·波顿的成功投资》一书的序言部分。此书由英国著名投资家安东尼·波顿著，寇彻译，机械工业出版社 2011 年 4 月出版。

中吸取的教训是一笔宝贵的财富。

（三）尽量买入同一基金经理所管理的老基金

理论上讲，一位基金经理一辈子管理一只基金就够了。对此我非常赞同。但在实践中，出于各种各样的原因，大多数基金经理不得不发行多只基金产品。普通投资者经常收到银行理财经理和券商营业部工作人员的推荐意见，因而会感受到购买新发基金的压力。而实际上，如果新发基金与老基金之间没有实质区别，比如没有选股范围不同或者股票仓位上限不同，那么，买新基金就不如买同一位基金经理管理的老基金。原因主要有两个方面：第一，老基金的业绩容易观察和求证，如果不出意外，老基金的业绩大概率会持续以往的特征，对投资者而言，这意味着确定性，意味着省心、放心。第二，基金经理更珍视老基金的业绩记录，他主观上会愿意付出更多精力做好老基金的业绩。许多投资者或许已经意识到了，每个成名的基金经理都有自己的"旗舰产品"，也就是作为他的业绩标杆的产品。提到这只产品，就会想到管理它的基金经理；反过来，提到某位基金经理，就会想到他管理的那只产品。而基金行业内流行的各种评奖活动，也都促使基金经理更加重视业绩记录较长的基金产品。在以上因素的共同作用下，基金经理无疑会更加愿意做好老产品的投资管理工作。

（四）区别能力圈扩大与风格漂移

在公司内部的某次会议上，有位年轻的投资人员问我：您一方面强调风格不能漂移，另一方面又要求持续扩大能力圈，那么应该怎么区分风格漂移和能力圈扩大呢？我回答：如果你弄懂了一只以前不懂的股票，把它买入投资组合，这叫能力圈扩大；如果你因为别人持有了某只股票赚到了钱而买入那只股票，这就属于风格漂移。我给出的答案算不上严谨，却足以说明问题，足够点醒年轻人。在前文我们曾经分析过风格漂移的危害，在选择基金时，必须具备的动态眼光之一就是甄别并剔除掉风格漂移的基金。我给那位年轻人的答案，有利于投资人员把握风格漂移的本质：基金经理超出能力圈去追逐趋势和风口。但普通投资者如果想从基金公司外部观察并区别一只基金是正在发生风格漂移还是基金经理的能力圈扩大了，则还需要另外一些观察方法和指标。

外部观察方法主要有三条：第一，弄清基金经理的行业研究背景。大部分基金经理都是从行业研究员培养起来的，在他们的履历中，通常会详细介绍他们研究过哪些行业。大体上说，对于他们深入研究过的行业，应该会在他们的能力圈之内。第二，关注基金经理的访谈，尤其是一些专业媒体所作的深度访谈，了解基金经理自己是否提到最近能力圈有所扩大。当然，基金经理的措辞未必明白直接地提到"能力圈扩大"，他有可能说的是"深入了解了某个行业/细分行业"或者"对某个以前不太了解的领域的投资机会给予了高度关注"，等等。第三，了解基金公司的研究团队是否补充了资深行业研究员。基金经理不是一个人在战斗。通常在一个原来没有覆盖或者覆盖不足的行业引进了一名资深研究员，大概率会让整个投资团队加深对这个行业的认识，其直接产出之一就是在这个行业会挖掘出几只好股票。这个过程并不是如由新晋研究员推荐几只股票那么简单，而是一个围绕个股反复研讨直到把基金经理说服的过程，这是整个团队能力圈扩大的过程。普通投资者可以关注基金公司总经理、投资总监、研究总监的访谈，通常会发现蛛丝马迹；也可以直接打电话去基金公司客服中心询问，通常也会得到准确的答案。

如果一只基金突然增加了市场热点行业的多只股票，而你了解情况后发现，没有迹象显示基金经理在这些行业拥有专长，而基金公司也没有在这些行业新引进资深的行业研究员，那么你基本可以判断，这只基金正在发生风格漂移。

（五）基金的逆向投资

基金投资与股票投资是相通的。股票投资有所谓的"逆向投资"思想，基金投资亦然。如果你一定要择时，权益类基金的投资也应该引入逆向投资的思路。

基金的逆向投资不必建立在对股票市场趋势的短期预测上，正如前文所述，这种预测是很不可靠的，而应该建立在对市场估值水平所处的中长期分位值的正确认知上。在股市估值水平处于历史极值区间时，比如 90 分位以上时，应该适度降低对权益类基金的投资比例；反之，在市场估值水平处于 10 分位以下时，应该适度增加对权益类基金的投资比例。

市场上有一些负责任的基金公司，在股票市场处于严重高估状态时，会向投资者发出风险提示，并通过减少新发基金或降低老基金持续营销力度、对基金持有人分红以降低持有人实际持仓比例等方式控制股市泡沫可能带来的风险。这些基金公司值得大家高度尊重，他们给出的风险提示也值得认真研究。

基金投资与股票投资有一个关键细节上的区别：股票投资可以做日内择时，基金投资（除上市基金以外）只能做跨日择时。投资港股的基金在一些特别的日子里想做申赎还会受到更多的限制。这个区别对于长期主义者来说是非常细微的，可以不去关注，但这个细节告诉我们，基金投资必须降低对择时精准性的要求，大家要更加关注基金的基本面因素：基金公司、基金合同、基金经理的水平，即使想择时也要充分考虑基金产品的特点。

第三节
构建自己的基金投资组合

截至 2021 年 9 月末，中国的公募基金产品数量已经达到 8866 只，基金类别琳琅满目，相当齐全。这就为以基金产品为基础构建投资组合来满足不同理财目标提供了条件。另一方面，以基金为基础构建投资组合相对于以股票为基础构建投资组合有一个明显的优势，那就是可以享受基金经理创造的超额收益（即所谓"阿尔法"）。当然，享受阿尔法的前提是你能够挑选出专业的基金公司、基金经理以及好的基金产品，这些问题我们在本章前面两节已经提供了解决方法。在本节里我们将一起来讨论如何构建基金投资组合。

一、构建基金投资组合的必要性

对于资金量稍大的基金投资者来说，我认为有必要采用组合方法做基金投资。其中的道理有些与股票投资相通，有些则是基金投资所独具的。

（一）避免投资单只基金的风险

假如你挑对了基金公司，挑对了基金经理，并且挑对了基金产品，那么投资单只基金还有哪些风险要面对？简单地说还有两类风险可能会出现：第一，变化带来的风险。比如前文曾经提及的那些关键变化：基金公司控股股东、总经理、投资总监的变化，基金经理本身业绩成长期结束，基金产品出现风格漂移等，这些变化一旦出现，会让你原本理想的基金投资标的变得不再那么让你放心，甚至充满风险。第二，成长带来的风险。通常你挑选出来的基金产品，其他基金投资者也可能会比较青睐。在这种情况下，这只基金产品的规模大概率会迅速变大。同样的道理，管理这只产品的基金经理所管理的所有基金的总资产规模很可能会变得更大。一般而言，这种规模成长会一直持续到市场发生牛熊转换、风格切换，让这位基金经理的业绩有所钝化；或者在外部环境没有变坏的情况下，一直持续到触及这位基金经理的能力边界，也就是基金规模超过了他的管理能力时才会慢下来，这时他的投资业绩逐步开始出现问题。

听起来成长带来的风险有些宿命论的味道，但不得不承认，每个人都有自己的能力边界。对那些按照全市场选股的路径培养起来的基金经理而言，他能够管理的规模相对会大一些，到达他能力边界的时间相对会长一些；那些一开始就管理行业基金、主题基金的基金经理，如果他没有努力地完成能力圈拓展，他能够管理的规模就比较有限，到达他能力边界的时间相对更短。这种区分的维度还有不少，比如擅长做大盘股投资的基金经理能够管理的规模一般会超过擅长做小盘股投资的基金经理；投资组合分散度较高的基金经理能够管理的规模一般会超过依赖集中度的基金经理；主动选股的基金经理能够管理的规模一般会超过用纯量化方法投资的基金经理，等等。有必要指出的是，这些都是相对而言的，不能绝对化。

投资于多只优秀基金有助于降低上述风险。我个人认为，在资金量允许的情况下，**普通投资者应该选择 3~4 家基金公司的 5~10 只基金产品进行投资**。

有意思的是，即便是在我们安信基金内部，员工通常把所有可投资资金全部用来认购本公司的基金，在大家对公司内的基金经理都非常熟悉和信任的情况下，大多数员工还是会分散购买多只基金，而不是只买一只基金。

（二）增加适应多种市场风格的能力

虽然大多数基金经理都是全市场选股的投资选手，但能够适应和驾驭不同市场风格的基金经理却非常少见。就以低估值—成长风格而论，由公开信息判断，能够在这两种风格之间成功切换的基金经理屈指可数。这就产生了一个问题：如果你只投资一只基金的话，你就很难适应不同的市场风格。相反，如果你通过投资多只不同的基金，把不同风格最具代表性的基金经理的旗舰产品纳入其中，你就有可能提高适应多种市场风格的能力。换言之，不管在哪种市场风格盛行的时候，你的基金组合都能赚钱。

有的读者会说，把有限的资金投资给不同风格的基金，不如把所有资金都投资给当时正在盛行的那种风格的基金更赚钱。问题是，你怎么能在每个阶段都准确预判出即将盛行的风格呢？把资金分散投资到不同风格的基金，可以有效熨平市场风格剧烈变动带来的业绩波动，增强投资组合收益率的稳定性，这是个值得去做的尝试。

（三）达成自身独特的理财目标

每位投资者的理财目标可能不完全一样。相对于年轻人来说，年长人士的理财目标更加保守：不希望遭受亏损，也不指望很高的收益率；相对于高收入或者拥有较多现金流的人士来说，低收入人士的理财目标同样相对保守。理财目标还与投资者的个性密切相关：有的人天生保守，有的人则天生进取。但即便天生进取的人士，随着年龄的增长以及收入的变化，其理财目标也会随之变化。从某种程度上看，所有投资者都是保守型投资者。

对于理财目标比较保守的投资者来说，仅仅投资单只权益类基金很难达到他期望的收益率和回撤控制水平。因为权益类基金的年度最大回撤往往超过 20%，而年化收益率平均只有 17%，这样的业绩波动往往让投资者心惊肉跳，难以承受。假如保守型投资者的预期年化收益率只有 10% 左右，他肯定无法承受 20% 这样大的回撤。那他应该怎么办呢？或许在权益类基金之外，他应该在他的基金组合里加进一些债券类基金、市场中性（净多头股票仓位为零）基金或者"固收 +"类型的基金。这就是组合投资对于保守型投资者的意义。

（四）提高基金投资的信心和稳定性

如果我问一个问题：是什么原因让投资者离开股票市场？并给出两个答案：其一是"亏损"，其二是"市场波动"。相信大部分人都会选择第一个答案，而实际上，相当大一部分的投资者都是因为受不了市场波动而离开股票市场的。基金投资遵循同样的道理：大部分基金投资者都是因为基金净值的大幅回撤而赎回基金的，这种回撤甚至在没有造成本金亏损的情况下就足以把投资者吓跑了。那些真正在股市或者权益类基金投资中赚到大钱的人，都是找到了对抗波动性的方法而把仓位保留下来的人。

对抗波动性的最好方法之一就是组合投资。如果我们的投资组合能够把不同风格的基金经理、不同类型的基金产品都囊括进来，大概率我们的组合收益的波动性将明显降低，并且在较多的时间里都能实现盈利。这会有效地提高我们对基金投资的信心，并稳定地持有权益类基金仓位，从而为赚取长期收益打好基础。

二、构建基金投资组合的基本原则

那么应该如何构建基金投资组合呢？不同的人士可能有不同的考虑，因而会有不同的选择。我在这里介绍几个最有可能用到的原则，供大家参考。

（一）目标匹配

基金投资组合一定要和你确定的理财目标相匹配。理财目标可以由不同的指标来界定，最主要的一对指标就是年化收益率和年度最大回撤，其他的指标还有季度（或半年度）胜率[1]、最长保本期限[2]，等等。这里为了简化问题，我们只考虑年化收益率和年度最大回撤。

假定你期望你的基金组合能够带来 25% 的年化收益率，毫无疑问，你只能选择构建一个权益类基金为主的基金组合。

假定你的年化收益率目标是 15%，你的基金组合中权益类基金占比也不可能少于 75%，但已经可以考虑加入一些市场中性基金和可转债基金。

假定你的年化收益率目标是 8%，你的基金组合中权益类基金的占比不应该超过 30%，双债基金[3]、"固收+"基金和市场中性基金应该占组合的绝大部分比例。

从另一个维度看，假定你希望你的基金组合的收益率不要有太大的回撤，比如，你希望年度最大回撤小于 5%，那么你的基金组合应该以债券类基金为主；如果最大回撤可以放大到 10%，你的基金组合中可以纳入 40%~50% 的权益类基金；如果最大回撤可以放大到 20%，你的基金组合才可以把权益类基金作为主要的投资类别。

（二）适度分散

组合投资意味着分散投资。但应该分散到什么程度呢？在讨论这一问题时，巴菲特和其他许多投资大家都给出过很好的意见。他们认为，

---

[1] 季度胜率的计算方式如下：在连续的 n 季度里，一只基金能够实现正收益的季度数如果是 m 个，则该基金的季度胜率是 m/n×100%。月度胜率和半年度胜率的计算原理与季度胜率的计算原理是类似的。
[2] 最长保本期限指的是在一只基金的投资策略里在最长多少时间内就一定能够实现本金不亏损。比如最长保本期限如果是一年，就意味着自一个客户认购这只基金之后 12 个月之内他就可以实现本金不亏损。
[3] "双债基金"此处指仅投资纯债（包括利率债和信用债）和可转债的基金。

对于一个股票多头组合来说，15~20 只股票应该就够了，50 只以上的股票对于分散风险来说意义不大，反而会降低所选股票的质量。由于基金本身就是分散投资工具，一只权益类基金通常会持有 30 只以上的股票，所以基金投资组合对分散度的要求应该更低。

基金投资有一个股票投资不会碰到的问题，就是除了选基金之外，还有选基金公司的问题。也就是说基金投资组合不仅要考虑在基金产品之间的分散度，还要考虑在不同基金公司之间的分散度。

根据个人的经验，我认为基金投资组合持有 5~10 只基金就足够了，再多了没有多大意义。至于基金公司，3~4 家就够了，毕竟在每个特定时期，优秀的基金公司也没有太多。

（三）风格均衡

前文曾经提及，基金组合应该包括不同风格的基金经理管理的产品，这样能够增强组合对市场风格的适应能力，风格均衡正是构建基金投资组合应该遵循的原则之一。

"风格"一词乍听起来有些抽象，在现实中，它却是非常清晰、易于感知的。在过去十年中，剔除 2011 年和 2018 年两个大熊市后，剩下八个年份，2013—2014 年是成长风格占优，2015—2017 年是低估值风格占优，2019—2021 年又是成长风格占优。就在 2021 年第三季度末，股票市场正经历着少有的风格极化时期：经过市场延续成长风格三年之后，成长股相对于价值股的估值差历史分位数已接近 100%；分行业看，房地产、银行等板块估值极低却牢牢地趴在地板上，部分成长股估值处于历史估值最高的 5% 区间分位之上却依然坚挺。随着市场风格的切换，基金经理的业绩排名发生着戏剧性的变化：在一个时期排名非常靠前的基金经理在下一个时期有可能排名垫底；反之亦然。那些能够在逆风期维持较好绝对收益并且业绩居于中游的基金经理已经算是极为难得，更不要指望他们排名靠前了。

构建基金组合时，第一个均衡要建立在低估值与成长这个维度上，资金可以 60% 配置在低估值风格的基金上，40% 配置在成长风格的基金上。第二个均衡要建立在大盘股和小盘股这个维度上，建议资金 70% 配置在大盘风格的基金上，30% 配置在小盘风格的基金上。第三个均衡应该建立在绝对收益和相对收益这个维度上，建议资金 70% 配置在相对收益风格的基金上，30% 配置在绝对收益风格的基金上。[①]

（四）着眼长期

在每一个具体的时间点，市场上哪些基金经理业绩靠前是一目了然的。如果只是着眼于短期，直接投资这些基金经理管理的产品似乎是个更靠谱的选择。我们之所以要构建基金投资组合，是要为未来市场有可能出现的剧烈甚至极端的变化做好准备。因此，构建基金投资组合时一定要着眼于长期，至少要考虑未来 3~5 年的时间长度。在某种程度上，构建基金投资组合而不是只投资一只基金，正是为了对抗眼下这一刻市场的趋势，为相反的趋势到来做好准备。不沉醉于现在的市场环境，而是抬头眺望远方，为千里之行做好准备，才是构建基金投资组合时应有的心态。

---

① 绝对收益风格基金是指运用绝对收益理念管理的基金，这类基金的首要目标是不亏钱，当然，这只是努力的方向，并不代表基金公司承诺保本、保收益。公募基金行业总体上是个讲求相对收益的行业，但市场上有少部分基金公司特别重视绝对收益理念，这些公司里有一些基金经理拥有较强的获得绝对收益的能力，投资于他们管理的产品，有助于帮助投资者在熊市里减少损失甚至获得收益。

实际上，如果你经过种种努力终于挑选出了优秀的基金公司、基金经理和基金产品，精心构建好了自己的基金投资组合，你完全可以放心地拥有它 10 年甚至更长的时间。试想伯克希尔·哈撒韦公司的股东有什么必要频繁调整自己的投资标的呢！

以上几条原则只是思路，我在其中提到的各种建议尤其是比例和数字只是为了表意，并不能当作构建基金投资组合的精确方案。请各位读者务必明白这一点。

三、运用 FOF 做好基金组合投资

谈到基金组合投资，FOF 是个绕不过去的话题。FOF，是 Fund Of Fund 的缩写，意思是"基金中的基金"。中国资产管理行业的第一只 FOF 产品"招商证券基金宝（一期）"于 2005 年 5 月发行，我当时任招商证券理财发展部的总经理，亲历了该产品的募集和运作，算是国内较早理解 FOF 产品的人之一。

简单地说，FOF 是用一只基金（母基金）投资于多只基金（子基金）的产品化的基金投资组合；投资者通过认购母基金，间接地投资于多只子基金，相当于实现了分散投资；FOF 的基金经理会认真挑选子基金，优中选优，找到具备获取超额收益能力的基金经理。"分散投资，优中选优"正是 FOF 的最大优势。按照现行法规规定，FOF 由基金公

司发行[1]，FOF 投资部必须是独立的一级部门，FOF 投资部一般会建立基金数据库和专业的基金筛选系统，以确保有能力对基金进行优选。

（一）什么人应该投资 FOF

FOF 是个用途广泛的工具，无论什么人都可以投资 FOF。这里我们谈的是"FOF 对什么人群最为必须"。我认为，以下几类投资者应该通过投资 FOF 来实现基金的组合化投资：第一，资金量比较小又希望分散投资于多只基金的投资者。FOF 的认购起点与普通公募基金一样低，属于真正的普惠金融，这就为资金量较小的投资者提供了很好的机会来实现基金的组合化投资。第二，不具备专业能力筛选基金又希望实现基金优选的投资者。现实中，许许多多的普通投资者在面对冗长的基金文件和数以千计的基金产品时，往往感觉很无助，挑选一只基金都难，更不用说挑选八九只基金构建一个投资组合了。FOF 的出现就为这类投资者提供了非常好的工具来实现基金优选。第三，希望获取中等收益并承担中等风险的投资者。所谓中等收益是指 8%~10% 的收益，中等风险是指最大回撤不要超过 8%~10%。这个收益率只靠债券投资是难以达到的，靠权益类基金倒是可以达到，但是风险又会大到难以承受。对于这类投资者来说，要么去投平衡型的基金[2]，要么就必须构建自己的基金投资组合，或者购买 FOF。

---

① 这里以及下文提到的 FOF 都是严格意义上的"基金中的基金"，也就是公募 FOF，母基金必须是公募基金。早期券商资管所发行的 FOF，包括招商证券基金宝，都是以"大集合"作为母基金的产品形式的，有所不同。在我国，最早的一批公募 FOF 成立于 2017 年 10 月。
② 平衡型基金指的是股票与债券配置比例各占 50% 的基金。

（二）FOF 的类别和特征

在发达国家资本市场，FOF 的种类非常多。在我国，FOF 的种类还相对较少。此外，FOF 的分类标准很多，按照不同的标准，FOF 可以分成许多不同的细分品种。在这里，我只把几种具有代表性的 FOF 做个简要的介绍。

养老型 FOF。这是国内市面上最多的一类 FOF。顾名思义，这类产品主要是提供给有养老需求的人士用来投资养老的。它又分为目标日期型养老型 FOF 和目标风险型养老型 FOF，后者又进一步分为稳健型（权益类资产占比不高于 30%）、平衡型（权益类资产占比 30%~60%）和积极型（权益类资产占比 60% 以上）。养老型 FOF 通常采取比较稳健的投资策略。

内投型 FOF。就是基金公司发行一只 FOF 但大部分比例的资金都投资于该公司内部的基金。这类 FOF 的一个较大优势是能够避免"双重收费"，根据法规规定，内投型 FOF 在买入子基金时，子基金的管理费可以豁免。

双重架构型 FOF。所有的 FOF 都是双重架构的，不过这里特指的是那种专门投资于行业 ETF 或者行业指数基金的 FOF。打个形象的比方，双重架构型 FOF 就是把子基金当作各种不同颜料，把母基金当作调色盘，调出想要的色彩。为了调制出准确的色彩，颜料必须是标准化的，这是子基金一般选取行业 ETF 或者行业指数基金的原因。双重架构型 FOF 希望去赚取在行业间进行策略配置的钱，这与"优中选优"的普通 FOF 在理念上完全不同。它的优势之一是子基金作为被动产品，其管理费一般比较低。

市场上还有其他一些分类方法，比如万得还根据权益类资产占比高低把 FOF 品种分为偏股混合型 FOF 和偏债混合型 FOF 等，这里不再赘述。

（三）FOF 的优势和缺点

FOF 的优势有三个方面：第一，能够实现分散投资，避免投资于单只基金可能带来的风险。第二，能够做到"优中选优"，把业绩建立在子基金所获取的阿尔法收益之上。第三，能够做到策略配置，在行业间和风格间做适当的平衡，最大限度地让业绩变得更加稳健。

FOF 的缺点也有三个方面：第一，双重收费。母基金要收管理费，子基金也要收管理费。第二，仓位累积减损。母基金要保留应付赎回所需的流动性，子基金也要保留类似的现金类资产，这会造成实际仓位的下降。同样道理，如果市场情绪比较悲观时，母基金的基金经理有可能与子基金的基金经理都做出降仓位的动作，这会造成实际仓位低于 FOF 投资人期望的水平。第三，较难挑选到高素质的 FOF 基金经理。这主要是因为 FOF 基金经理的素质模型与普通权益类基金经理的素质模型相差较大，除了选股能力（FOF 通常会直接投资少部分股票）之外，FOF 基金经理还需要具备资产配置能力，包括大类资产配置以及权益仓位内部的行业、风格配置，而国内 FOF 基金的发展历史非常短，连续的业绩记录非常少见，导致挑选 FOF 基金经理时缺少足够的统计样本作为依据。

（四）FOF 基金的挑选

首先要明确你的理财目标，根据理财目标确定购买哪种类型的 FOF。这部分内容与构建基金投资组合那部分所谈的原则基本一致。如果你的收益率目标较高又能忍受较大的回撤，你应该选择权益型FOF；如果你的收益率目标适中又只能忍受中等的回撤，你应该选择平衡型FOF；如果你的收益率目标较低又不能忍受较大的回撤，你应该选择偏债型FOF；如果你是为了退休后有更加富足的生活，你应该选择养老FOF。

其次要重点关注业绩良好的基金公司发行的内投型FOF。这里的理由主要有两点：第一，挑选FOF基金经理的任务太难；第二，判断哪家基金公司的整体投资能力更强比较容易。由业绩良好的基金公司发行的内投型FOF的业绩应该不会差到哪里，所以投资这类产品是个靠谱的选择。再次提醒，一定要选对FOF类型：即使一家基金公司的权益投资能力再强，如果你买的是它的偏债型FOF，收益如何另当别论。

最后要努力挑选FOF基金经理。这个任务虽难，但还是有一些蛛丝马迹可寻的。要珍惜市场上少有的连续业绩记录，如果有的FOF基金经理已经有连续三年以上的良好业绩记录，那么大体上他是可信的；你可以通过查询对他的访谈和基金公报，来了解他的业绩是不是偶然的，有没有扎实的基础。目前市场上的FOF基金经理主要有四个来源，我们分别来说明一下应该如何了解他们的投资管理能力：（1）券商资管或其他资管平台过去发行的私募FOF的基金经理。这些FOF基金经理通常拥有较长的业绩记录，但是如果没有获得奖项是很难查到公开记录的，需要到他原来所在的资管平台去了解。（2）原来在保险资管或银行资管负责资产配置的投资管理人员，他们的专长在于大类资产配置，少部分人员可能具备一定的择时能力。要了解这类FOF基金经理的能力只能参考他原来所在机构的投资业绩。如果所在机构是上市企业的话，这些业绩有可能在公开信息中查询得到；否则，就只能通过其他方式去了解。（3）银行财富管理部门（个金条线下面的基金代销部门）负责基金筛选的人员，这类 FOF 基金经理在基金行业拥有广泛的人脉，对很多家基金公司的内部情况、基金经理的专长都比较了解，可能也建立起了相当可靠的基金筛选模型，因而拥有在全市场选择基金的能力。（4）基金公司在投资条线内部挑选出来专门从事 FOF 投资的人员。这类 FOF 基金经理的专长在于股票投资或者债券投资，他们挑选基金的能力也主要来源于他们的投资能力，他们的基金筛选方法在某种程度上就是"推己及人"。无论 FOF 基金经理的来源是上述四种之中的哪一种，大多数基金公司都会为 FOF 部门配备金融工程人员，并建立起自身的基金筛选模型，因此，对这个模型进行适当的了解是必要的。你可以通过基金公司的宣传材料和基金文件、对 FOF 基金经理的访谈文章来进行了解。

第六章

关于基金投资的常见问题

在上一章里我们直奔主题，讲述了如何挑选基金公司、基金经理、基金产品，以及如何构建基金投资组合，相信有意从事基金投资的读者原来存在于心中的主要疑问都已经找到了答案。但是，基金行业是个复杂的生态系统，这个系统里的很多问题我的讲述还没有涉及，而你可能对这些问题很感兴趣，甚至存有疑惑，在这一章，就让我们来讨论其中最常见的几个问题。

第一节
公募基金公司为什么值得信任

在这个问题的答案中，有一条肯定是"因为基金公司是最专业的资产管理机构"。相信你通过阅读本书的第二章和第五章已经产生了这样的印象，所以在此处我不再重复阐述。除此之外，我认为还有以下三个原因让基金公司更加值得信任：最市场化、最规范透明、客户利益得到的保护最充分。

一、基金公司是最市场化的资产管理机构

你可能会纳闷：基金公司是不是市场化和我有什么关系？我要告诉你的是：关系非常大、非常直接。

其中的逻辑推导过程如下：基金公司市场化程度高→基金经理的薪酬奖励才能真正做到与其业绩挂钩→才能吸引并留住一流的投资人才→才能创造一流的投资业绩→作为基金公司客户的你才可能获取一流的投资回报。

那么，为什么基金公司的市场化程度会比较高呢？我认为，这主要是由以下几个因素共同决定的：第一，公募基金的投资业绩的可见性极高。公募基金行业依法可以做公开的销售宣传推广，公募基金产品的业绩非常容易查到。第二，公募基金行业的产品高度标准化，可比性很强。这就造就了一个"平坦的世界"，只要一只基金的业绩明显好于同

类产品，就有可能立刻被全市场投资者注意到。第三，公募基金行业所有投资人员都是在同一个证券市场上同台竞技的，一个人如果在一家基金公司做出了好业绩，他在其他基金公司也有可能做出好业绩（至少很多基金经理是这么看的），所以基金经理的流动性远高于其他金融行业。上述因素客观上对基金公司经营管理提出了独特的要求：它必须比其他类型的机构更多地考虑如何留住业绩好的投资人才。这就决定了基金公司内部的用人机制和激励考核制度相比其他金融机构需要更加市场化。实际上，不管一家基金公司 AUM（受托管理资产规模）是大还是小，全行业同一水平的基金经理的年度总收入是基本持平的。

公募基金的市场化程度高还体现在以下方面：公募基金内部的优胜劣汰普遍执行得更好，基金公司的文化也相对简单和务实。

二、基金公司是最规范透明的资产管理机构

自 1998 年新型公募基金公司成立之时，就确立了一整套业务规则，在规范性、透明程度等方面确立了较高的标准，让基金公司和其他类型的资产管理机构迥然不同。2003 年《中华人民共和国证券投资基金法》颁布，随后证监会发布了一系列监管制度，基金公司的规范性和透明程度又上了一个台阶。而今，基金公司已成为我国金融行业最规范透明的资产管理机构，成为各类资产管理机构争相仿效的对象。

站在普通基金投资者的角度，公募基金行业实行的以下几个方面的制度具有非常重要的意义：

第一，规范的第三方托管制度，确保了客户资金和资产的安全。公

募基金行业实行第三方托管制度，基金公司虽然拥有投资决策权，但全流程都不会触碰到实际的资金和资产。资金和资产的清算和划付，最终是由托管人来完成的。而托管人资格又是由证监会单独授予一些大型金融机构的。这就彻底实现了投资权与监督权的分离，从根本上杜绝了基金公司挪用或不当运用客户资金的可能性。

第二，严格的投资人员管理，杜绝了内幕交易。内幕交易的本质是用客户的钱为投资人员自己"抬轿子"，是严重损害客户利益的行为。内幕交易和"老鼠仓"是公募基金行业的红线，没有哪家基金公司和哪位基金经理敢去踩踏。自从2010年内幕交易和"老鼠仓"被纳入《刑法》调整范围之后，公募基金行业少数害群之马相继被绳之以法，震慑效果非常之好，投资人员管理越来越到位。公募基金行业里有一个有趣的现象：尽管《基金法》允许基金从业人员投资股票，但全行业几乎没有哪个人去做，因为大家都担心不能保证在任何情况下都能解释清楚那不是内幕交易，所以都不敢去惹这个麻烦。这从一个侧面证明，公募行业的投资人员是被管理得非常严格的。

第三，详细的销售管理制度，最大限度地避免了销售欺诈。公募基金行业在销售宣传、投资者适当性、风险揭示等方面有着极为严格的监管要求，经过多年的实践和不断提高要求，已经能够在很大程度上避免把高风险产品销售给风险承担能力不足的客户。除基金公司的直销牌照外，银行、券商等机构的基金代销牌照都是由证监会单独审核授予的，同样要遵循严格的监管规定。可以说，只要你是在规范的持牌机构那里购买基金，一般不会碰上销售欺诈。

第四，完备的信息披露制度，最大限度地提升了客户知情权。基金公司的信息披露义务十分广泛，从基金招募说明书、合同、定期报告，到基金经理基本信息、基金经理变更、基金每日净值，再到基金合同的修订、基金分红、一只基金代销机构的增加，等等，都要发布公告，任何有心人都可以在指定信息披露媒体上查询到上述信息。这些信息披露规则使公募基金公司的透明度大大高于私募基金。除此之外，基金公司还有各式各样的媒体见面会、基金经理访谈、投资者教育活动，也能提供不少重要的信息，有助于客户了解基金公司的投资理念和内部运作状况。按照法规规定，私募基金不得从事以上这些活动。这就进一步提高了公募基金公司相对于私募基金公司的透明度。

第五，强大的中后台基础设施，确保业务运营安全高效。请你猜一下：一家公募规模约1000亿的基金公司每年的IT运营支出（含运维费用和资本性支出的年度摊销）大概是多少？它的中后台人员规模又会是多少？答案分别是4300多万元和80余人。这些数字代表着一套高规格、高度可靠的IT基础设施，以及分工清晰、合作高效的中后台运营团队。你每天所看到的基金净值都是由这些团队运用那些IT设施算出来的，你的每一笔申赎也都是由这些团队运用那些IT设施具体处理的。这些人的素质、这些软硬件的可靠性直接关系到你的切身利益。可以自信地说，公募基金行业的中后台基础设施在专业化程度、可靠性、运营效率等方面都符合最高的标准。

三、基金公司的客户利益得到最充分的保护

一个家庭里如果有儿子或女儿要到基金公司去上班了，通常全家人都会把股票账户销掉，从此不再投资股票。作为基金公司股东单位的领

导，在考虑是否要去基金公司兼任董事时，都需要掂量一下：自己今后每笔股票投资都要事前申报，要不要去兼任这个董事？至于基金公司的员工，每买一笔基金（股票已经不能投了），要持有半年以上，投资人员和高管则要持有一年以上，才能卖出。基金公司的固有资金如果购买自家的基金，也要持有半年以上才可以卖出……

你读到以上内容时，有没有意识到这些现象所指向的是什么？直觉会告诉你，以上这些现象肯定都是源自一些监管规则，设立这些规则的初衷所指向的都是同一个问题：如何避免基金公司、基金公司董事和高管、基金公司从业人员损害客户的利益。

《基金法》要求基金公司奉行"基金持有人利益至上"原则。这个原则可不是轻飘飘的一句话，而是有很多具体的内涵和要求。上文已经提到了许多，下面我再举两个例子。第一，基金公司应该如何摆放股东利益和持有人利益？在一般工商企业那里，股东利益通常是被放在第一位的，"以客户为中心"这句话只是在经营管理层面的指导策略，在公司治理层面则毫无疑问是股东利益至上。但在公募基金行业则大为不同，"受托责任"是这个行业的立身之本，即便在公司治理层面也同样必须奉行"基金持有人利益至上"原则。在监管法条里有一个规定：基金公司董事长代行总经理职权不得超过 6 个月。这条规定背后的潜台词是：基金公司董事长代表的是股东的利益，基金公司总经理则应该对基金持有人的利益负责，因此，总经理不能缺位太长时间。反观一般工商企业，董事长兼任总经理的时间则并没有类似的限制。第二，基金公司风险准备金体现出对持有人利益的高度重视。根据相关的监管法条，基金公司每年需要从自身营业收入里计提 10% 作为风险准备金并存入在指定银行开立的专门账户里，直到累计的风险准备金余额达到 AUM 的

1%时才能停止计提；风险准备金主要由基金公司用于应对重大风险事件，最终目的则是保护基金持有人利益。以上两个例子再次清楚地说明了公募基金行业对客户利益的高度重视，在这个行业里，客户利益得到了最大程度的优先保护。

通过本节的介绍，相信你已经进一步加深了对公募基金公司的认识。事实上，公募基金行业是一个受到高度监管的行业，"举手投足皆有规矩"。经过多年的监管整顿和自律运作，它已经成为市场化程度最高、规范化程度最高、最公开透明、对客户利益保护最充分的资产管理标杆行业。公募基金行业值得你给予更多的信任。

当然，我所介绍的是公募基金行业的整体情况，并不能保证任何一家基金公司在处理任何一件事情时都能做到专业、规范、透明和持有人利益至上。正如第五章所说，你有必要仔细挑选基金公司。

第二节
如何在基金投资中挣到该挣的钱

长期以来，在基金行业存在着一个怪现象：基金产品赚钱，而基民不赚钱。之所以说这是个怪现象，是因为它违背直觉和常识：按说我投资买了基金，基金产品赚钱了，我就应该也赚到钱了。那么，为什么会出现这样的怪现象？基金投资者怎样做才能挣到该挣的钱呢？本节就来回答这些问题。

在我看来，基民赚不到钱的原因主要有三种：选错了基金产品，错误的择时，混淆了分工。

正如选错股票是造成股票投资失败的首要因素，基金投资也是一样，选错基金产品会导致灾难性的后果。在股票投资中，如果股票选错了，即便你很好地贯彻了长期投资、逆向投资、安全边际等投资原则也无济于事，有时持有期限越长反而亏得越多，在错误股票上采用"越跌越买"策略很可能会让你血本无归。所以我们说精选个股是股票投资最重要的工作。同样地，在基金投资中，选对基金产品也是最重要的工作。为了选对基金产品，我们要具备选择基金公司和基金经理的能力。在第五章里我们已经系统地解决了基金选择的相关问题，这里不再重复。

下面我们认真讨论一下另外两个造成基民不挣钱的原因以及相应的解决办法。

一、避免错误的择时，拉长基金投资期限

曾经有位朋友问我：基金投资要不要择时？要不要止盈或者止损？我当时的回答是：如果你有能力做择时，当然可以去做；不过对大部分普通人来说，最好不要去做择时，包括不要去止盈和止损。

基金行业广泛流传的一个说法是：中国基民平均持有一只基金的时间只有三个月。根据我们自己的统计，这个说法基本接近事实。可以据此推断，大部分基金投资者都在频繁地申赎基金。这应该是造成"基金产品赚钱而基民不赚钱"的主要原因之一。

基金经理之所以能赚钱，既是因为他们能够精选个股从而能够获得超额收益，更是因为他们始终在股市里做着投资，始终持有股票仓位，不容易错过股市上涨的机会。投资行业有句老话："当贝塔来的时候，阿尔法什么都不算！"在一个既定的时间段里，投资组合的收益有可能主要取决于贝塔，而不是阿尔法①。在第三章里我们曾经分析过 A 股市场的长期投资回报率，那些数字其实就是 A 股市场的贝塔收益。基金经理们长期持有股票仓位，就能够很好地获取这些收益。

那么，如果一位投资者经常做择时，不少时间里都是空仓的话，他错过贝塔收益的可能性就会大大增加。很不幸的是，**A 股市场 80% 的涨幅都是在极少数交易日里发生的**，如果在这些关键的日子里你没有持有股票仓位，你的投资收益就会遭受巨大的损失。表 1 列示了 A 股市场主要指数在 2004 年底至 2020 年底的收益，以及剔除若干涨幅最大的交易日之后的收益，对比非常鲜明。

表 1　剔除涨幅最大交易日后的指数累计收益率

	万得全 A	中证全指	沪深 300	中证 500
指数累计收益率	594.89%	462.17%	419.06%	536.71%
错过涨幅最大 5 个交易日后的累计收益率	359.22%	273.30%	243.84%	319.89%
错过涨幅最大 10 个交易日后的累计收益率	223.54%	174.40%	148.25%	202.83%
错过涨幅最大 20 个交易日后的累计收益率	83.72%	62.92%	43.68%	73.10%

数据来源：Wind，安信基金，2004 年 12 月 31 日—2020 年 12 月 31 日

---

① 此处的"贝塔"和"贝塔收益"指的是指数上涨带来的收益，也是股市整体上涨带来的收益。

由表 1 可以发现，如果在这 16 年里，你只错过了股票市场涨幅最大的 5 个交易日，你的收益就会降低 40%；而你如果错过了 10 个涨幅最大的交易日，你的收益就会减少 60% 以上；若你错过了 20 个涨幅最大的交易日，你的收益就会减少 85%！要记得，每年有大概 250 个交易日，16 年就有大约 4000 个交易日，上述 5、10 和 20 个交易日在约 4000 个交易日中分别只占 1.25‰、2.5‰和 5‰左右，都不到 1%，哪怕你只是在这么低比例的时间里空仓，仍然有可能造成这样大的损失。可见，错误的择时会带来多么严重的后果。

我不能断然否定你择时的能力，因为的确有极少数的人能够把择时的准确性提高到值得利用的程度[①]，但根据我在证券期货基金行业 20 多年的从业经验看，绝大部分人都不具备对股票指数进行择时的能力。你有多大的概率正好是那极少数具备择时能力的人中的一员？如果你觉得概率不高，我建议你放弃择时，尤其是要放弃基于对短期市场预测所做的择时。

在事情的另一面，如果你长期持有基金（近似于长期持有股票仓位），你将能够获得表 1 中第一行所列的指数累计收益率，年化收益率大概为 12%。如果你能够挑选到正确的基金产品，你的年化收益率还有可能提高 8 个百分点甚至更高，达到 20% 以上！这个收益率无疑是相当令人满意的。

用安信基金的实际数据来看，一位投资者如果购买我们的代表性产品，比如"安信价值精选"，并持有达到 3 年以上，它赚钱的概率可以

[①] 很有意思的是，具备择时能力的人往往只是降低了投资收益的波动率，并不能够提高长期收益率。实际上，频繁择时的人所能获得的收益率往往低于不做或者少做择时的人。曾经有不止一位基金经理告诉我说：长期的择时实践表明，择时对长期业绩基本没有正贡献。

达到 100%！也就是说投资者在任一时点买入这只产品，只要你持有满3 年，过去的数据表明，它能 100% 地带给你正收益。投资者持有我们的其他基金也基本能够达到类似的效果 [1]。业内其他优秀基金公司的产品也有不少可以达到类似的胜率。我们在第四章曾经说过，"如果你的投资期限超过 4 年，就可以超越 75% 的波动；如果达到 5 年，就可以超越接近 90% 的波动"，在优秀基金经理获取超额收益的能力加持下，我们可以把获得正收益的时间缩短至 3 年甚至更短。

不亏损当然只是最低的要求，但是如果能够以极高的概率做到不亏损，你就可以放心地长期持有基金，从而获取理想的长期投资回报。

把以上的讨论总结成一句话的建议，就是：不要做无谓的择时，要尽量把基金投资期限拉长到三年以上。这样，你大概率就会获得比较理想的投资回报。

二、明确自己的定位，把专业工作交给基金经理

投资过程可以分为两步：第一步，弄清并掌握正确的投资理念；第二步，选择正确的股票标的并对股票组合进行精细化管理。通过努力，大部分普通人都可以做到第一步，但却无法做到第二步，因为第二步是一项相当专业化的工作，它需要全情投入，还需要一定的天赋、悟性和自律能力。如果你自忖并非投资天才，或者有一份自己非常喜欢的其他类型的工作，你就应该做出聪明的选择：放弃第二步工作，通过购买正

①这些数据只代表相应基金产品的过往业绩，不代表对这些基金产品未来业绩的预测和保证。

确的基金产品把这项工作委托给自己精心挑选出来的基金经理。不少基金投资者之所以没能挣到本应挣到的钱，就是因为他没能划清自己和基金经理之间的分工：虽然购买了基金，但仍然操着基金经理的心，不停地揣摩着市场动向，随时准备申购或者赎回。结果不仅闹得他自己身心俱疲，还没能赚到本该赚到的钱。

专业分工是经济增长的重要动力。无论是现代经济学鼻祖亚当·斯密还是"最接近诺贝尔经济学奖的华人经济学家"杨小凯，都对此做过令人钦佩、极有说服力的论述。在基金投资领域，清晰的专业分工同样能够发挥重要的作用：它是投资收益率的保证。一个普通人，通过把资金委托给基金经理打理，既可以获取基金投资收益，也不会妨碍把满腔激情投入到自己的工作和事业之中，后者往往意味着丰厚的收入和对社会的贡献，还可能带来无尽的成就感。要达到这种理想的效果，作为基金投资者，你必须把主要精力放在深入了解正确的投资理念上，并甄别出与自己理念比较一致的基金经理，选定合适的基金产品并买入持有，与此同时，真正地把投资操作的工作完全交给基金经理，相信他、理解他，给予他足够的耐心和时间，直至等到业绩之花充分绽放。

那么，怎样才能避免混淆与基金经理的分工呢？实际上，很多人一开始也都想明白了"要把专业的活交给专业的人去干"这个道理，但一段时间过后，不知不觉地就"越了界"，开始操心本应由基金经理操心的事。为了防止这样的事情发生，我给各位提出以下建议：

第一，不要频繁地关注基金净值。你可以给自己规定一个频率，比如一个季度或者半年看一次基金净值。其他时间可以用来干好自己的本职工作。

第二，不要过于关注财经新闻。新闻记者往往都需要为每条信息找到一个原因，这个原因往往是错的，但很多时候足以引发你的焦虑。

第三，不要去研究基金重仓股。这真的不应该是你的活儿，你不大可能比基金经理研究得更透彻。

第四，不要去预测短期市场。不管发生了乍听起来多大的事情（无论好事还是坏事），请你都不要据此推断股票市场明天会怎么样。

第五，不要关注基金短期业绩排名。你要清楚，短期排名其实与你的投资收益没有太大关系，因为你是长期投资者。如果你试图根据短期业绩排名来频繁地更换基金，你就要做好长期业绩遭受损失的准备。

以上几条建议希望能够帮助你成为"轻松并且成功的基金投资者"，并挣到本该挣到的钱。

第三节
指数基金与主动管理的股票基金哪个更好

基金产品可以分为主动管理基金和被动管理基金两大类。主动管理基金就是由基金经理发挥主观能动性去谋求超额收益的基金产品。被动管理基金就是完全按照既定的规则复制证券指数的基金产品，按是否上市交易又进一步分为指数基金、ETF 和 LOF。

关于这两类基金产品，投资者经常会收到两种相互矛盾的信息：一种看法认为，主动管理基金能够获取超额收益，因而比被动管理基金要好，更值得投资；另一种看法则认为，很少有基金经理的业绩能够长期超过指数的涨幅，加上主动管理基金的管理费一般比指数基金要高，所以被动管理基金比主动管理基金更值得投资。那么哪种看法正确呢？究竟是主动管理基金更好，还是指数基金更好呢？

一、比较两类基金的正确逻辑

在主张指数基金更值得投资的众人之中，约翰·博格是最著名的一位。他是指数基金的先驱和大本营——美国先锋基金（Vanguard）的创始人，在某种程度上，是博格发明和推广了指数基金。在他的名著《共同基金常识》一书中，博格详细阐述了投资指数基金的诸多理由和益处。另一位经常被引用的投资名人则是巴菲特，他不止一次地讲过，对于普通投资者来说，买便宜的指数基金要胜过自己投资股票所获得的收益。由于巴菲特自己就是最著名的主动管理投资大师，他的话经常被人当作"指数基金更优"的铁证。

我认为，比较主动管理基金和指数基金需要立足于正确的逻辑。

首先，指数基金投资的是整个市场，获得的是平均收益；主动管理基金投资的是优选出的个股，是局部市场，主动管理基金的收益大概率会偏离整个市场的收益水平。如果主动管理基金选股正确，就会获得超额收益；反之，收益就会低于指数的收益。

其次，只有优选个股才有机会获得超额收益，投资指数基金不可能获得超额收益，这就是主动管理基金的魅力所在。

再次，优选基金是个可以掌握的"手艺活"，主动管理能力不是虚无缥缈、似有还无的。就以巴菲特为例，他在几十年的时间里保持着惊人的接近 20% 的年化超额收益，这本身就是一个明证：能够创造超额收益的投资专家是客观存在的。巴菲特那篇著名的《格雷厄姆—多德式的超级投资者》也雄辩地证明了坚持价值投资理念的一批人是能够长期创造超额收益的。

最后，用主动管理型基金经理的平均投资收益来否定主动管理型基金的价值是个逻辑错误。正如多年来的事实所证明的那样，尽管价值投资的道理是那样浅显，真正践行它的人却寥若晨星。同样地，尽管从事主动管理的人很多，真正能够掌握投资这门"手艺活"并能创造超额收益的人一直占比很低。在这种情况下，把所有主动管理型基金经理的投资业绩做算术平均，结果的确不太乐观，得到的平均数在不少年份很有可能无法超越指数的收益。但这就能否定主动管理的价值了吗？我认为完全不能。假定有 100 个主动管理型基金经理，其中 10 个有能力获取超额收益，10 个的收益与指数收益持平，80 个只有负的超额收益，我们挑出那 10 个去投资就可以了，实际上只有这 10 个才是我们需要关注的主动管理型基金经理，剩下的 90 个基金经理可以忽略不计。

平均值非常容易误导人，我们切不可陷入这个逻辑陷阱。尤其是在我们通过阅读本书已经掌握了挑选优秀基金经理的能力之后，更不能容许自己掉入这个陷阱。

二、指数基金的优势和适合人群

指数基金的优势有以下三个：第一，费率低。我国的主动管理基金的管理费率通常在 1.2%~1.5%，指数基金的管理费率通常在 0.5% 左右。

第二，指数基金申购／赎回更加方便，ETF 和 LOF 还能通过交易所交易、通过券商实现与一揽子股票的转换。第三，在牛市行情里，指数基金的投资收益会以更大的概率超越主动管理基金的收益。

按上文所阐述的逻辑，如果要把主动管理基金的优势发挥出来，投资者必须有能力挑选出具备主动管理能力的基金经理。反过来说，不具备这种能力的投资者最好不要投资主动管理基金，指数基金是他们的最佳选择。另外，对于资金量比较小，又特别看好整体市场行情的投资者，可以把指数基金当作他们良好的投资工具。

三、主动管理基金的优势和适合人群

主动管理基金的优势有以下三个：第一，主动管理基金能够创造超额收益。前文已经说得比较清楚，这里不再重复。第二，在市场处于熊市时，指数基金难以避免投资亏损，而主动管理基金则可以减少损失甚至创造正收益。第三，在中国，主动管理基金有一个特别的优势，那就是综合费率（含管理费、托管费、销售费用）低于美国等西方国家的同类基金。这在一定程度上削弱了博格所称道的指数基金的费率优势。

主动管理基金适合那些希望长期获取超额收益的投资者。这些投资者应该具备如下特征：第一，对股票投资有基本概念，对正确的投资理念和原则有较为清晰的认识。第二，有能力挑选出具备主动管理能力、能够长期创造阿尔法的基金经理，这种能力既可以是投资者自己直接拥有的，也可以是借助于专业机构获得的^①。第三，在市场情绪高涨，尤其是出现明显泡沫时，愿意放弃指数虚高带来的短暂收益。

四、如何看待指数增强产品和 Smart-β 产品

市场上有不少只指数增强基金，常见的有沪深 300 指数增强基金、中证 500 指数增强基金等。指数增强基金就是在确定选股范围的前提下通过挑选个股、构建股票投资组合来获取超额收益的基金。通常这类基金的绝大部分资金都只能投资于所跟踪指数的成分股，这就圈定了它的选股范围，所以它并非一种全市场选股的基金。这类基金的"增强"效果是通过挑选个股实现的，客观上就是通过对所跟踪指数的"偏配"获取超额收益的，比如，假定基准指数中银行股占比为 10%，基金经理可以在自己的组合里把银行股的占比提高到 15%，当银行股市场表现比较好的时候，这只基金就会获得收益增强的效果。

指数增强基金是介于主动管理基金和指数基金之间的一种产品形态。大家评价指数增强型基金管理得好坏，不仅像评价主动管理基金那样要看其超额收益的高低，而且像评价指数基金那样要看跟踪误差大小。由于它并不是全市场选股，所以其适应市场变化的能力弱于全市场选股的主动管理基金。有些机构投资者自身的考核机制是以"相对某个主流指数获得多少超额收益"为核心的，指数增强型基金是他们比较喜

---

① 这些专业机构包括以下几类：第一，前文提到的基金评价机构，比如券商研究所基金评价中心；第二，买方投顾机构；第三，基金公司的 FOF 投资部。

| 基金投资篇 | 121

欢的投资对象。对于普通投资者而言，要么投资于主动管理基金，要么投资于指数基金，或者对二者做某种程度上的混合，指数增强基金并不是必需的投资品。

近年来市场上出现了少量的 Smart-β 基金。你可以把它翻译成"聪明指数基金"或者"智慧选股基金"。本质上，这类基金就是把独特的投资思路和选股标准转变成特定指数，然后以指数基金的形式对外募集的基金产品。在发行这类产品时，基金公司通常会做两件事：第一，把选股标准转变成指数编制方法，用回测的方式验证其投资业绩好坏，把其中业绩最好的指数编制方法挑选出来；第二，与指数公司合作，在已挑选出的指数编制方法的基础上，向指数公司定制一个指数，由指数公司对外发布，并在主流行情软件上公布其实测业绩[①]。后面这个步骤既是为了"固化"选股标准，也是为了取信于公众（指数是由指数公司发布的，基金公司不能擅自变动），更是为了取得广告效应——实测业绩本身就是最好的广告。Smart-β 基金本质上是一种主动管理选股基金，只不过采用了指数基金的外壳。相对于主动管理基金来说，其优势是选股标准明确、交易规则森严，不会出现风格漂移，不会受基金经理性格等主观因素的影响，获取预期业绩的确定性较强；其不足是相对于主动管理基金来说比较死板，市场如果出现新的情况，这类产品的适应性可能会遇到问题。投资者如果认可一只 Smart-β 基金的选股理念，在清晰地了解其成分股调整规则的基础上，可以投资一部分。

[①] "实测业绩"是指在指数发布以后，根据指数编制规则确定所有成分股（通常按季度定期更新），再根据每天的股票市场行情计算出该指数的价格走势以及期间收益，这个收益率就是该基金的实测业绩。实测业绩与实际募集基金做投资时能够获得的投资业绩基本一致，具有非常强的说服力。

投资问答篇

第七章

普通人如何学习价值投资

多年的经验告诉我，如果一个人真正掌握了价值投资理念，在
投资中是不大可能亏钱的。那么，一个普通人如何通过系统的努力
来掌握价值投资理念呢？本章我们就来探讨这个问题。

第一节
如何在大学期间做好投资知识储备

这个标题也可以换成"如何在读书期间做好投资知识储备"，只不过现在有条件读大学的人所占比例已经远比我考大学时的 1990 年要高得多，假定所有读者都有自己的大学时光已经是比较合理的。万一你恰巧没能上大学，也别灰心，本节的内容对你同样有帮助。

一、努力学习财经管理类课程

不管你刚进大学时所选的是什么专业，如果你希望在人生道路上学会投资理财，那么你都有必要在大学期间选修一些与投资有关的课程。

大学里的课程林林总总，令人眼花缭乱。哪些课程是与投资相关的呢？我在这里做一个简单的介绍。考虑到每所大学所开的课程在名称上可能会有差异，大家要留意每门课程应该包含的内容，内容比名称更加重要。

宏观经济学：宏观经济运行原理，GDP 计量方法，货币政策原理，财政政策原理，经济周期理论等。

货币银行学：中央银行制度，商业银行经营管理，存款创造和信用体系，货币政策传导机制，利率决定理论，金融危机的内生机制等。

国际金融学：国际收支平衡表，汇率决定理论，金融危机的国际传播机制等。

金融市场学：股票市场、债券市场、外汇市场、期货市场、商品市场、银行间市场等各种市场的介绍，证券公司、基金公司、期货公司、保险公司等各类金融市场主体的介绍。

证券投资学：有效市场假说，各种资产定价模型，股票估值方法，债券估值方法，投资组合管理技术，业绩评价与绩效归因等。

公司财务学：公司的价值评估，公司的资本预算，资产决策，负债决策，公司价值管理等。

会计学：会计学原理，工商企业财务会计，管理会计，财务报表分析，审计及会计欺诈识别等。

企业管理学：管理学原理（计划、组织、人事、领导、控制），战略管理，人力资源管理等。

统计学：统计学原理，时间序列分析，统计推断等。

概率论：概率分布，条件概率，随机事件等。

社会心理学：心理学原理，认知偏差，集体非理性行为等。

以上这些课程都与投资学有直接的联系。如果你想在投资领域做个"明白人"，就应该对这些知识进行系统的学习。或许学习的深度不是最重要的，但一定要略知一二。等到将来用到相关知识时，你至少要知道它属于哪个领域，以及如何进一步提高自己的水准。

对于财经管理类专业的学生，我建议大家在学好大学课程的基础上，去参加中国注册会计师（CPA）、特许金融分析师（CFA）、基金从业资格等与投资相关的专业资格考试。

二、阅读价值投资经典

无论是大学里的课程，还是 CPA、CFA 等考试的内容，都是一种理论。许多人离开校园之后，发现自己所学的理论无法直接用在工作上，尤其无法用于指导投资实践。相反地，许多投资领域的经典著作[①]成了最具有实战意义的指路明灯，《聪明的投资者》《安全边际》等书籍成为很多基金从业人员的案头宝典。那么，课程与经典，这两者之间是什么关系呢？我们应该如何看待两者在我们的知识结构中的地位和作用呢？

我系统地学习过投资学课程，也通读了几乎所有的投资经典。这两者确实大不相同，不仅在根本上从属于不同的源流，在不少具体问题上也持有针锋相对的看法；但是另一方面，它们又缺一不可，共同构成投资者完整的知识体系。

具体来说，我有以下几点感受可以提供给各位读者：

第一，课程是知识，经典是智慧。

在大学校园里接受的课堂知识是十分宝贵的，它具有系统性、非功利性和学术性等特点，作为背景知识，它会影响我们每个人的一生。受过大学教育和没有受过大学教育的人有个最大的区别，就是有没有那份基于系统知识背景的自信。大学的每一门课程都为我们开辟了一个知识领域，当别人谈起这个领域的相关内容时，我们在内心深处都会说："这个，我懂。"

[①] 投资经典在这里主要指的是著名投资人撰写的心得体会和经验总结类的书籍，具体例子见本书附录二所列书目。

投资经典是智慧的载体。并非所有的知识都与智慧相关，**智慧是能帮助你提高幸福感和成功率的那一小部分知识以及立足于其上的感悟。**比如，当你体会到"慢就是快"这句话所蕴含的哲理时，你得到的并不是新的知识，而是在原有概念上体悟到的新的境界。达到了这个境界，你就新添了一分智慧。

第二，**课程是基础，经典是拔升。**

尽管课程里学到的知识不易直接运用，但它是分析和思考很多问题的基础。比如"有效市场理论"成为很多投资经典嘲笑的对象，但实际上，有效市场理论在思考很多问题时是一个非常有用的理论模型；即便是价值投资的先驱也说"市场长期是称重机"，也认为股票价格会向股票的内在价值靠拢。投资经典在有效市场理论之外阐发了"市场短期是投票机"的观点，使大家认识到了股票市场经常陷入无效状态的事实，并由此推导出价值投资者有机会获得"安全边际"，从而让其方法论更具实战性。在这个例子中，不能因为我们信服价值投资理念，就全盘否定有效市场理论。

类似的例子还有很多。只要我们把课程和经典摆放在合适的位置上，它们就会成为我们知识结构之中非常有用的部分，并且彼此之间能够互相印证，甚至触类旁通。

第三，**课程有不完全对的地方，经典也并非放之四海而皆准。**

课程理论有时会因为过于模型化而脱离现实，有时又会因为局限于静态分析而不能很好地描述实际情况，这是它不能很好地指导实践、让我们赚到钱的主要原因。但是经典也并非总是对的。投资经典往往是某个人投资经验和心得的总结，它往往局限于作者所处时代的特点，又因为缺少理论深度而达不到"科学"的高度。比如，约翰·聂夫所提倡的低市盈率投资法，其思想无疑是正确的，但是 A 股的市盈率长期高于美股，如果你坚持使用聂夫所用的市盈率参数，恐怕很难在 A 股市场里搜寻到足够多的好股票，还会漏掉那些成长性很好的股票。在学习投资经典时，我们一定要牢记这些局限性和不足，把书里的建议和现实情况结合起来，活学活用，才不至于犯下大的投资错误。

以上分析告诉我们，投资课程与投资经典对我们来说都很重要，缺一不可。我建议每个有志于做好投资理财的人都尽早阅读投资经典。本书的附录二列明了 21 本价值投资经典著作，供大家参考。

三、理工科的学生要认真学好专业课程

我不希望前面的建议引起一个误解：只有财经管理类的课程重要。你如果是一名理工科专业的大学生，产生了上述误解，把主要精力用于选修财经管理专业的课程，结果荒废了自己的主业，这绝对是错误的。这里，我想给大家建立两个概念：第一，对投资而言，复合学历具有极大的价值；第二，大部分基金经理都是理工科出身。

此处所说的"复合学历"指的是一个毕业生要同时具备理工科学历和财经管理类学历，一般本科学历最好是理工科的，研究生学历最好是财经管理类的。

基金公司通常倾向于招聘拥有复合学历的毕业生。这主要和基金公司投研体系的特点有关。在基金公司内部，投资人员通常从研究人员培养而来，研究人员又通常是按照不同行业进行专业化分工的；为了提高研究效率，基金公司通常希望研究人员具备所负责覆盖行业的知识背

景。比如研究医药行业的研究员最好是医学或药学专业出身，覆盖计算机行业的最好是计算机专业的毕业生。对口的学历教育和研究经历是具备相关行业知识背景的最好标志。一个具备复合学历的新研究人员，只需要参加一次系统的上市公司估值培训（需时 1 个月左右）就可以开始研究具体的上市公司了。而不具备相关行业背景的毕业生，则需要额外花上 1~2 年的时间才能把行业背景知识补齐；不具备财经管理类学历的人，也需要相似长度的时间来把财经管理知识补齐。不难看出，基金公司有足够的理由挑选具备复合学历的毕业生。

对于一开始就学习理工科专业的大学生而言，应该认识到自己相对于文科学生的优势，把复合学历作为自己追求的目标（文科学生不大可能反过来去攻读理工科硕士）。不是要放弃自己的专业，而是要先学好自己的专业，然后再去选修财经管理类专业课程或者攻读财经管理专业的硕士学位。

即使作为普通投资者，复合学历也同样拥有重要的价值。第一，投资讲究理性和严谨，理工科的思维方式比文科的思维方式更适合于投资工作；第二，对于某个技术门类拥有专业背景，会让你形成在这个领域的认知优势，这将有助于你挑选相关领域的基金产品和基金经理。

总结以上内容，我建议大家在大学期间做好以下几件事情，为未来从事投资工作做好知识储备：

第一，对于就读理工科专业的同学来说，在本科期间要认真学好专业课程，努力成为行业专家，同时做好攻读财经管理类硕士研究生的准备，向"成为具备复合学历的人才"这个方向努力。

第二，大家要在学习好规定课程并取得良好成绩的基础上，尽可能地参加 CPA、CFA、基金从业资格等专业资格考试。

第三，选读一些投资经典，尽早学习投资方面的智慧。

相信通过这些努力，等到你毕业时，一定能够拥有丰富的投资知识，为未来做好投资理财、赢取富足人生奠定基础。

第二节
价值投资书籍怎样才能读进去

在上一节我建议大家尽早阅读价值投资经典，但不少朋友和同事告诉我说，这些书很难读进去，有的书甚至根本读不进去。在这一节我就试着来回答一下价值投资书籍怎样才能读进去这个问题。

我很早就接触到了《证券投资分析》《聪明的投资者》《穷查理宝典》《基业常青》等价值投资方面的书籍，并强迫自己把它们通读了一遍。说实话，收获并不算大。那种状态很像二十年前初读《金刚经》——文字全看过了，心头的感悟却很少。这可能就是所谓的"读不进去"。后来经过长时间的摸索，我终于比较好地解决掉了这个问题。今天我就结合亲身经历给大家提一些建议。

一、重读经典的经历

2013 年调入安信基金之后，我给自己定下了一个任务：用五年的时间，通读市面上能够找到的所有关于价值投资的书籍，确保对价值投资理念有足够通透的理解。不管工作多忙，我从没有忘记落实这个"五年读书计划"。在这五年里，我利用工作之余的时间，按大概十天一本书的速度，读完了大约 200 本与投资有关的书籍。（事后证明，有些书打着价值投资的旗号，实际上讲的却不是价值投资，好在这些书为数不多，没有浪费我太多时间。）毫无疑问，这次我是真的读进去了，而且读得津津有味。那么，我是如何做到的呢？

首先，我重读了巴菲特那篇著名的《格雷厄姆—多德式的超级投资者》。这是《聪明的投资者》附录中的一篇文章。把重读这篇文章作为五年读书计划的"起手式"，是因为它能极大地增强我对价值投资的信心。有了这种信心，就有了强大的动力通过读书去准确掌握价值投资方法。这篇文章还提到了不少"超级投资者"，为我按图索骥、找到他们的公司和著述提供了线索。

其次，我认真研读了塞斯·卡拉曼的《安全边际》。这本书我起码看了三遍，还对照着英文版仔细核对了中文版中的几处翻译不准的地方。这是一本观点非常鲜明、篇幅短小的经典之作。可能正是因为它的观点异常鲜明，论述非常聚焦，让我对价值投资的一个关键概念"股票要买得便宜"有了深刻的理解。由此，我得以"破壁而入"，进入了价值投资的殿堂。

在读完《安全边际》之后，我觉得自己对"买得便宜"有了体悟，欣喜之余，不由地希望了解与这种体悟能够等量齐观的投资智慧。于是，我选了菲利普·费舍的《怎样选择成长股》，因为我觉得与低估值投资风格能够等量齐观的观点就是对成长的重视，而菲利普·费舍无疑是这方面的先驱。由《怎样选择成长股》的序言，我发现了肯·费舍这个人，找到了他的代表作《投资中最重要的三个问题》。这样，我就把比较有代表性的成长股投资的观点学到了手，并对自上而下做股票投资的方法论有了新的理解。

就这样，我的五年读书计划顺利启动并上了正轨。一本书会牵涉出另一本书，学到的越多越发现有必要了解更多的观点，需要去读更多的书籍。就这样，一口气读了五年。到2018年年中，我顺利完成了读书计划，不仅把国外的投资经典全部读了一遍（其中不少书籍是重读），还把国内投资圈里的资深人士所写的书籍也都看了一遍。

终于，我觉得对价值投资理念和方法论体系比较"有底"了。

二、找到"悟入"的门径

在重读经典的过程中，我有一个重要的体会：当你想了解一套方法论和思想体系时，一定得找到一个切入点，这样才能登堂入室，真正读进去。中国禅宗和尚在修行时常会碰到同样的问题，他们所说的"悟入"就是找到这个切入点的过程。我的切入点就是《安全边际》。它像一把裁纸刀，极薄极锋利，一下子在整个价值投资体系的大幕上为我划开一条缝隙，让我得以顺利窥到门径。

每个禅宗和尚开悟的机缘都不相同，佛门之所以有那么多"公案"就是因为每个人开悟的方法不同，把公案记录下来的目的是希望对后来者有所启发。《安全边际》是我的悟入门径，但未必是你的。你很可能需要寻找自己的机缘。

寻找门径的最好方法是尽可能用心地去阅读经典书籍，去读投资名家的最新访谈。真正的投资大家都很有思想，也愿意告诉普通人关于投资的道理。从巴菲特、芒格，到段永平、李录，都在不停地向世人解释正确的投资理念。你应该很容易找到他们的最新观点。尽管很久以前就接触到了段永平的观点，但最近有人把他在微博和"雪球"上历年来与普通投资者的交流记录整理成了《段永平投资问答录》上下两册，并印刷出来，让我有机会系统地阅读了他在过去十余年间曾经表述过的思想。我的直觉是，这两册书很有可能成为很多人的悟入门径，建议大家都读一读。

三、"连环"读书法

我可以用颇具画面感的语言来描述读书的进境。其一，读书就好比与作者秉烛夜谈，而且作者的脾气特别好，愿意按照你的节奏来谈，甚至愿意反复向你解释一些难懂的观点。其二，读书就好比在暗夜里独坐，开始时你所拥有的知识只有一灯如豆，最多照亮盈尺之地，由于书读得越来越多，你的学识变成了一根火把，光亮所及有数米见方，再后来你的智慧就如旷夜里点燃的篝火，照亮了附近的树梢和林际……随着光亮的扩大，光亮与黑暗交会的边界也变得越来越长了。

读一本书要认真。认真的意思不是寻章摘句，而是要领会作者的思想精髓。只要认真，不仅能学到东西，还很有可能在书中找到下一本需要去读的书。一方面，随着知识面的增加，你会发现需要进一步学习的东西不是变少了，而是变得更多了——光亮与黑暗的边界变得更长了。另一方面，许多作者会在他的书中提到其他人的重要思想，这很有可能引出你感兴趣的书籍。这就是连环读书法。很多人一旦把书读进去了，就能一气呵成，把一个领域的书读个遍。就是因为他掌握了连环读书法。

四、几条具体的建议

第一，读书不是越多越好，建议大家重点阅读推荐的价值投资书目。

这些书目都是我在读过很多经典书籍之后精心挑选出来的，并且做了认真的归类。如果你能够仔细读完，就可以很好地把握价值投资理论的精髓。市面上的少部分书籍，虽然经常与价值投资经典放在一个系列里出版，甚至打上了价值投资的旗号，但思想并不纯正，甚至完全跑偏，如果不加甄别，在读书的早期读到这些东西，就会被它们严重误导。

第二，不要指望读一遍就能领会透彻，要做好重复阅读的准备。

一些朋友读书很慢，因为他总想读一遍就把书中的思想精华全部领会透彻。有时这可以做到，但大部分情况下这是不容易做到的事情。有不少书籍，我就需要反复去看，有时还要参详着其他书籍一起来看，并且经常在重读时会有更深的领悟。我建议大家做好重复阅读经典的准备，读第一遍的时候，先领会其大略，觉得不太懂的地方可以做上标记，重要的内容做另一种标记，以便下次再读的时候可以迅速找到需要重读的地方。

第三，要试着用自己的语言表述刚领会到的思想，这会确保你有真正的心得。

读书时偶然会有触动，有感悟，殊不知你并没有真正掌握它们。只有当你试着用自己的语言去把这些触动和感悟表达出来的时候，你往往才发现很难表达得非常准确、非常严谨，这时如果你能继续努力坚持用自己的语言把它们表述得严谨准确，你就能取得真正的进步。举个例子："价值投资就是去买便宜的好股票"，这句话对吗？乍看起来，没什么不对。价值投资不就是找到好股票，在它价格明显低于内在价值的时候买进去吗？但仔细推敲这句话却会发现存有歧义：它有可能会被误解成"在价格便宜的股票里去找好股票"，而且不能容纳"用一般价格去买成长前景很好的股票"这层意思。所以这句话不如改成一个更加严谨的表述：价值投资就是用好价格去买好股票。

以上是我对于大家阅读价值投资方面的书籍的一些建议。希望对大家的学习有所帮助。

第三节
做个知行合一的价值投资者

我见过大量财经专业出身的人，他们也读了不少价值投资方面的书籍，却始终没能成为践行价值投资理念的人。为什么会这样呢？一个基本的原因是，他们做不到知行合一，没能把所学的东西内化到自己的身体和心灵中去；他们嘴上唱着价值投资的曲子，手上做的全是与价值投资理念相悖的动作。这样的人不大可能获得很好的投资收益，久而久之，反而会怪罪说"价值投资理念不灵了"。

要成为一个坚定的价值投资者，需要在一生中持续地加强修养，最终做到知行合一。

一、正确理解投资赚钱的意义

藏传佛教的僧人在开始修行前都要先"发心"，要庄严宣誓：我愿意为了众生利益而成佛。这绝对不只是一个提升个人道德站位的程序，还是一个关系到修行方法和修行效果的重要问题。金庸先生在《天龙八部》里借扫地僧之口，曾经说过这样一个道理：越是厉害的武功，越需要用佛法去调剂；要突破"武学障"，必须以佛法的慈悲之心作为根基。其实，投资也是一样，如果你要想真正掌握最有效的投资方法论，你必须首先正确理解赚钱的意义。如果你能正确理解赚钱的意义，你的价值投资方法论就会有牢靠的心理基础。

我们都知道投资赚钱是为了自己和家人过上幸福、富足的生活，但是仅此而已吗？要知道，如果只是为了这样一个目的，所需要赚取的钱财并不会太多，你不大需要用一生的时间去从事投资理财的事情。我们看到巴菲特坚持不懈地努力赚钱，但他个人却过着相当节俭的生活，并把大量的个人资产捐献给了慈善基金。不少人对此不解，不禁想问：他赚钱图个什么呢？这涉及人生最根本的一个观念：如何理解赚钱的意义。在这里，我想要强调的观点是：除了利己的动机外，投资赚钱还有一些更重要的意义：投资既是为了社会，也是为了他人。

（一）投资是为了社会

1. **实现个人财富增值，增加社会消费总额。**通过投资理财，你个人的财富增加了，就有条件增加消费支出。这就是所谓的"财富效应"。而你的每一笔消费支出，都会促进实体经济发展，间接地帮助他人。

2. **推动储蓄向投资转化，助力资本形成。**资本形成是经济发展的重要条件。老百姓虽然握有余钱，但如果不投资出来，仍然无法形成资本。中国历史上就曾多次发生"经济发展—财富增加—货币退出流通—资本短缺—经济衰退"的怪事。虽然现在有银行了，老百姓多数会把余钱放在银行里，但必须指出的是，银行存款属于"储蓄"，储蓄离"资本"还有一段距离。你通过自己的投资行为，把节省下来的余钱投入到上市公司，完成储蓄向资本的转换，促进上市公司发展，也就促进了经济发展。

3. **促进价格向价值回归，优化资本配置。**我国已经建立起了社会主义市场经济体系。在市场经济中，价格是促进资源配置的主要信号。具体到股票市场，股票价格就是决定资金在上市公司之间如何配置的关键因素，正确的价格信号会带来高效的配置，错误的价格信号则会带来资金的错配。你作为价值投资理念的践行者，利用深入的基本面研究，能够有效地发现被低估的股票，再利用自己手上的资金买入它们，将其价格"修正"到正常水平。你的这种投资行为，能够促进正确价格信号的形成，促进资金的优化配置，使优质的上市公司得到发展所急需的资金，从而促进实体经济的健康发展。

4. **扮好股东建设性角色，改善公司治理。**公司治理在企业发展中扮演着十分重要的角色，治理方面存在问题的公司，几乎不可能获得健康持续的发展。公司治理已经成为影响中国实体经济发展的最重要的微观因素之一。如果你是个成功的投资人，个人财富积累到很大的规模，就比较有可能成为上市公司的重要股东，从而实质性地参与上市公司的治理。你就可以将外部股东的声音带进上市公司的决策层，对其他股东和董事会、经营层形成有效监督，在关键问题上通过行使表决权影响公司决策，促进其经营更加合法合规。如果你的视野足够宽广，还有能力把国际经验、行业最佳实践带进上市公司决策层，从而使其决策更加正确，更加具有前瞻性。

总之，作为一个秉持价值投资理念的投资者，你投资赚钱的过程，也是促进社会消费增加、促进资本形成、促进资源优化配置、改善上市公司治理的过程。只要你始终坚持正确的理念，你的投资行为就会带来非常正面的社会意义。

（二）赚钱是为了他人

谈到金钱，我常常会想起两个人、两段话：一个人是汉景帝，他曾说过"黄金珠玉，饥不可食，寒不可衣"；另一个人是京剧《锁麟囊》里的人物薛湘灵，她曼声唱道"小小囊儿何足道，救她饥渴胜琼瑶"。这两个人代表了中国传统社会对待金钱的典型态度。一方面，金钱本身不重要，重要的是能够满足老百姓衣食饱暖需求的各种物质；另一方面，为富而仁，救人济困，才能充分发挥金钱的作用。

作为 20 世纪 70 年代初出生又在农村长大的人，我对贫困有充分的感知，对于金钱的意义有深刻的理解。金钱本身没有意义，只有使用出去，转换成使人饱暖的物质才有意义。少量的金钱就能助人脱离贫困，略多一些的金钱则能让人接受良好的教育从而改变命运，再多一些的金钱可以让一个人沉疴得愈延续生命……金钱的意义就在这里。

所以，赚钱很重要。因为有了钱，就可以让自己和家人摆脱贫困和疾病，可以让子女接受良好的教育；钱够多的话，还可以帮助他人实现这些目标。但是，赚钱本身不是终极目标，赚钱的目的是发挥金钱的力量，实现上述理想：帮助自己、家人和其他人。

一味地累积财富没有意义，因为你需要的钱其实是有限的。财富也并非越多越好，除非你规划清楚了它的用途：去帮助更多的人。

一定程度上，一个人只有能够正确地理解金钱的意义和赚钱的意义，才能给自己的投资方法论奠定牢靠的根基。

如果你赚钱的目的是帮助自己和他人，你会选择哪种赚钱的方式？具体些说，你会为了自己赚钱而损害他人的利益吗？你的赚钱方法是不是应该具备共存、共享、共荣的特点？我相信你对后者的答案是确定的。有了这种思考，你就不会参与那种"零和"甚至"负和"的交易，因为即使你赚到了钱，你的对手却注定是亏钱的。有了这种思考，你也不会隐瞒自己的投资思路，因为教给别人正确的投资方法和你的最终目的（帮助他人）是一致的。

如果你赚钱的目的是帮助自己和他人，你会以何种心态来赚钱？是那种必须在每笔投资中赚到很多钱，必须迅速赚到很多钱，还是从从容容、稳稳当当地赚钱？我相信大概率会是后者。因为你对待金钱的态度是超越了自己利益的，这种超脱会给予你一份从容和淡定。段永平说："我一生只希望富一次，大家都应该追求'一生只富一次'"。他的意思是：靠着借钱投资或者激进经营等手段，急于暴富，人生就很可能经历多次"暴富—巨亏"的折腾，尽管富了很多次，其实是个糟糕的人生，没有意义；哪怕赚钱慢一些，每个人都应该在风险可控的前提下赚钱,人生富一次就够了。他是个有格局的人,一直走在与员工、朋友共同富裕的道路上,并在"雪球"、微博上坚持回答普通投资者的各种问题。正是这种格局,使他拥有正确的投资方法论,也给了他对待他人的热情和耐心。

价值投资是一种可以大家共享、共同赚钱的方法论,因为它赚的是上市公司成长的钱,而不是其他投资者的钱。价值投资是定胜之道,也是时间的朋友,价值投资者都拥有一份淡定和从容。

二、不断加深对价值投资的理解

在禅宗和尚的修行过程中,"悟入"只是个起点,要想最终修成正果,还需要持续不断、勇猛精进地修行,不断领悟更高的境界。对价值投资的理解也是如此,如果你只是明白了价值投资的基本思想是远远不够的,当你面临重大考验或者特定环境时,你有可能不知道如何应对,从而陷入犹疑甚至苟且,最终偏离价值投资的正确轨道。因此,我们要立足个人投资实践,不断学习价值投资经典,重温重点章节和观点,注意在各种极端的市场环境下投资大师们是如何应对的,以持续加深对价值投资的理解。要记住,任何一点新的领悟,都有可能让你避免一次惨痛的损失。

下面,我结合个人的一些经验,谈几点体会和建议给你。

第一,看到所以相信,在实践中加深对价值投资的信仰。理念可以来自书本,信仰则需要来自亲身的实践。"纸上得来终觉浅,绝知此事要躬行。"大家要在投资实践中来加深对价值投资的理解,由这种理解培养出坚定的信仰。我虽然很早就了解格雷厄姆的"捡烟蒂"的投资理念，并且能够很好地理解其中的逻辑，但因为 A 股的估值水平历来是偏高的，我始终觉得现实生活中不大可能会出现股票的市场价格明显低于上市公司清算价值的事情，所以谈不上笃信。2020 年以来，我惊奇地发现，地产板块开始出现了这种情况，到 2021 年年中，少数地产股票已经明显低于其清算价值，现实中居然真的出现了"烟蒂股"。这再次说明了价值投资理念在当下 A 股市场上的生命力。

第二，想透所以相信，在彻悟中加深对价值投资的信仰。想明白与想透是两个不同的境界。想明白可以让你接受，想透则能够让你深信不疑。我很久以前就明白"市场先生"是狂躁不安的，绝不可以跟着他的情绪走，股票投资的关键是要搞清楚股票本身，而不是关注其他投资者的行动。但是，我总忍不住要去看股票的市场价格。直到有一天，我看到段永平的一句话：一只股票只有一个真正的买家，那就是上市公司自身。我突然感到有如醍醐灌顶，原来应该这样来看问题：股票的内在价值是一种客观存在，它不依赖于任何投资者的出价，只取决于上市公司自身的表现。试问，在有了这样的领悟之后，你又何必再过多地关注股票的市场价格！

第三，遍历所以相信，在极致中加深对价值投资的信仰。在一般情况下接受价值投资理念和在任何情况下都坚守价值投资理念是两种境界，能达到后面这种境界才是毫无保留地相信，也才真正能够保证你投资成功。我在读《雪球：巴菲特传》和《戴维斯王朝——五十年华尔街成功投资历程》等投资经典时，特别愿意身临其境地思考一些问题。巴菲特、戴维斯等投资大家都经历过各种各样的极端市场环境考验，设身处地地思考一下我自己在那种环境下会做出什么选择，而大师们又是如何选择的，给我个人带来很多启发。2008 年美国爆发金融危机，美国股市剧烈下跌，10 月 16 日，巴菲特发表了他那篇著名的文章 *Buy American. I Am.* 2009 年上半年，我正在美国沃顿商学院进修，事后来看，那时正是美国核心资产的最低点，巴菲特用行动再次证明了价值投资理念是如何在极端市场环境下运用自如的。我个人有个体会，读遍投资经典有个巨大的好处，就是你可以跟着投资大师们的叙述，遍历各种极端的市场环境，你会知道在那种市场环境下应该如何运用价值投资理念，从而大大增强对价值投资的信心。

对价值投资的学习是一个没有终点的旅程。大家应该反复阅读投资经典，学习投资界最新的经验和成果，结合自身投资实践，不断加深对价值投资的理解。

三、做到知行合一

如果你接受价值投资理念，就应该在投资实践中去践行它。如果你不去践行价值投资理念，就没有必要花精力去学习它。说一套做一套只会带来困扰和挫败，没有任何意义。在现实生活中，大部分人都是想心口一致的，但是总会由于各种各样的原因而偏离价值投资的轨道。在这里，我给各位提出一些具体建议，希望能够帮助大家做到知行合一。

（一）只赚自己能赚的钱，不与他人比较

相信每个读者身边都流传着各种"某个人赚大钱了"的故事，或者一夜暴富，或者在一只股票上赚了上百倍，或者买到了今年业绩最牛的

基金，等等。如何对待这些故事？是怦然心动，学着去赚类似的钱？还是静守孤道，只等待属于自己的赚钱机会？我建议大家不要受这些故事的影响，有句俗话说得好：你只见贼吃肉，没看到贼挨打。如果那些传言是真的，你身边应该多出很多富翁才对，为什么那些人还在为了一日三餐忙碌个不停呢？或许有的人真在短期内赚了些钱，但他另外一些时间也很可能亏了很多钱，只是他不会说而已。

大家必须明白，有些钱不是我们能赚的。比如，有些股票超出了我们的能力圈，我们弄不懂这些股票，那么，不管它涨了多少，都和我们没有关系。再比如，在牛市的后期，股市普遍存在泡沫，后面或许还会上涨，但已经和我们没有关系了，我们必须减持掉那些严重高估的股票。

大家还要明白，重要的是我们有没有赚到钱，而不是强求比别人赚得更多。价值投资是个"绝对价值体系"，股票价格是不是过高了，只需要和股票的内在价值（而内在价值是客观的、绝对的）做比较，并不需要与其他投资者的出价做比较。如果你想与其他投资者做比较，一定要比他们赚得更多，你就无法坚持自己的操作原则，这最终会让你面对承担不起的风险。

（二）让每一个决策独立，不受任何牵绊

王阳明说，要让我们的心始终保持"活泼泼"的状态，不受任何羁绊。投资决策也需如此。有的投资者总是这样错误地思考问题：我还亏着呢，现在怎么能卖呢？或者，我赚了这么多了，得知足，赶紧卖吧！殊不知，股票未来的表现和你是在什么价位上买进它的没有任何关系！你是否应该卖掉股票，只和股票价格有没有明显超过其内在价值有关，

而和你是在什么价格下买它的没有半毛钱关系。

更一般的意义上说，你应该让你的决策与其他任何决策无关，既不应与其他投资者的决策有任何关系，也不应与你自己的其他投资决策有任何关系。你应该在"当下"这个时点，根据股票价格与其内在价值的关系做出一个完全独立的决策。唯有这样的决策，才会是明智的决策。

（三）有目标地加强学习，形成认知优势

股票市场是一个让认知优势实现资本化的场所。弗雷德里克·科布里克在《大钱——挑选优秀成长股的 7 条法则》里说：知识就是财富。"能力圈"就是根据认知优势来界定的。作为信奉价值投资理念的人，我们应该不断地扩大自己的能力圈。为达此目标，我们要有针对性地加强学习，不断维持原有的认知优势，并形成新的认知优势。

我们平时读书，有些书是为了娱乐，有些书是为了学习。娱乐当然是需要的，但是除了娱乐之外，我们还要加强学习。学习不应该是泛泛的。纯粹出于一时兴趣，想到哪儿，读到哪儿，不是正确的读书方法。学习要有一定的目的性，要集中注意力于某个领域，以便在这个领域里形成自己的认知优势。前面提到的"连环读书法"就是为了在价值投资理念这个领域形成认知优势，在其他领域，类似的方法也能发挥重要的作用。

比如，生物医药是个充满机遇的新兴行业。那么，如何在这个领域形成自己的认知优势呢？我建议你这么做：首先，你可以花 3~4 个月学习《细胞分子生物学》，这是这一领域的权威教科书，它能提供比较全面的生物医药背景知识。其次，你可以用大约两周时间去读《药物发现：从病床到华尔街》，掌握上市公司新药研发的一般过程以及其中可能面临的风险。再次，你用两个月时间去读辉瑞、默克、安进、福泰等

医药公司的发展历史，了解这些公司是如何管理新药研发过程的，以及其中的经验和教训。最后，建议你用半年左右的时间大量地阅读生物医药股票的定期报告和研究报告，了解医药行业的政策以及这一领域主要股票的质地。这样，通过一年左右的学习，你可以说，你对生物医药行业有一定的认识了，你对它的了解程度可能已经超过了 90% 的普通人。

（四）注意加强身体锻炼，延长投资年龄

许多价值投资领域的投资大家都是相当长寿的人：巴菲特已经 91 岁，芒格 97 岁了，约翰·邓普顿活到了 90 多岁……这不是偶然现象。一方面，价值投资方法会让人更加从容和淡定，承担的焦虑和压力远比其他投资者更少，所以信奉价值投资理念的人往往更健康、更长寿。另一方面，所有信奉价值投资理念的人，都明白长寿的意义，因而都是注重健康、严于律己的人，所以活得更久。

我喜欢用下面这幅图来说明其中的道理。

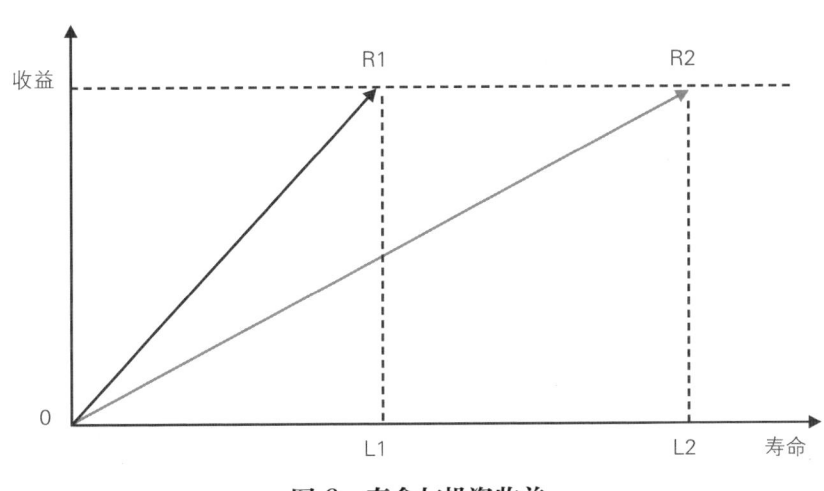

图 6　寿命与投资收益

　　如果一个人的寿命长度是L1，他为了实现自己的理财目标（比如挣5000万元），他需要获得的年化收益率是R1（由0-R1那条直线的斜率代表）。如果通过个人的努力，比如坚持锻炼身体，他的寿命延长到L2，实现既定财务目标所需要的年化收益率就会明显降低（由0-R2那条直线的斜率代表）。R2远比R1容易实现，这代表着较少的焦虑、更加从容的投资生涯以及更加高质量的生活。

　　从另一个角度看，如果年化投资回报率是确定的，随着生命的延长，将实现更高的个人财务目标乃至更大的人生意义。

　　所以，作为价值投资践行者，你应该注重锻炼身体，努力延长有质量的生命期限，实现更加有意义的人生。这是知行合一、践行价值投资理念的应有之义。

第八章

你可能感兴趣的话题

在各种与投资者交流的场合，最后阶段往往会有人提出一些相对复杂的问题。这些问题一般与个人投资者的投资活动已经没有太大关系，但是与专业投资机构的运作有密切关系。对于希望通过借助专业投资机构的力量做好理财的普通人来说，这些话题仍然有必要予以讨论。

第一节
相对收益还是绝对收益

在投资圈里，简单地说，相对收益就是你的产品相对于其他人的产品赚得是多还是少，业绩排名是好还是坏；绝对收益就是你的产品赚钱了没有，赚到了多少钱。公募基金行业通常被人认为是讲究相对收益的行业，也就是不管你有没有赚钱，只要你的业绩排名靠前，你就会受到尊重和奖励。这就引发一些让基金持有人难以接受的问题，比如在像2011年和2018年那样的熊市里，所有的权益类基金都没有赚到钱，但基金经理的日子似乎过得还不错，该拿奖拿奖，该拿钱拿钱。由此引发了许多思考，其中最重要一个就是：基金行业是不是应该奉行绝对收益理念？本节我们来深入探讨相对收益与绝对收益的问题。

一、相对收益为什么受到高度重视

公募基金行业可以对投资业绩做公开宣传，这相对于私募基金来说是个巨大的优势，它给予基金公司和基金经理建立品牌的机会。由于每个自然年度的股市行情差异很大，仅仅用当年赚取了多少个百分点的收益很难在普通投资者那里把自己的优势地位凸显出来；而在行业初创时期，大家又都没有长期业绩，无法用5年、10年的年化收益率刻画自己出色的投资能力，于是，业绩排名就成了最简便的宣传口径，业绩好的公司都不约而同地选择了宣传自己的相对排名，从此成为习惯。在投资者和销售渠道这一侧，在行业初创时期，大家都不了解公募基金，没有评判和识别基金产品业绩好坏的能力，大体上是被动地接受了公募基金行业的做法，那就是看业绩排名区分基金优劣；等到行业发展数年以后，面对数量众多的基金公司和基金产品，普通投资者和销售渠道难以仔细加以研究和甄别，只能按业绩排名做个粗略的区分。就这样，业绩排名，或者说相对收益，就成了基金行业最重视的指标，成为基金公司和基金经理孜孜以求的圣杯。

由于基金行业过于重视业绩排名，公募基金的投资活动被看作是"淘汰赛"，而不是"及格赛"。每个进入这个行业的投资人员都很清楚游戏规则：把业绩做到前面去，否则就出局。大家都致力于做得比别人的业绩要好，而不是做出"好业绩"。

二、过度重视相对收益带来的严重后果

要承认，相对收益对于判别基金业绩好坏是很有帮助的。但是，过度重视相对收益则给公募基金行业带来严重的问题。

（一）投资的基本理念和原则得到践行的难度增加

价值投资理念是个"绝对"价值体系。价值投资者虽然有时也会做比较，但在本质上，一只股票有没有投资价值是个"绝对"问题：这个问题的答案并不取决于其他股票是好还是坏。正因为如此，价值投资者本应是气定神闲的。

在某种程度上，价值投资者会在其他类型的投资者急着追逐业绩排

名时保持超然地位甚至选择逆势而动。他们绝不会因为追逐业绩排名而顺从市场趋势并承担过高风险。

但是对相对收益的过度重视改变了游戏规则。每位基金经理都被要求穿上"红舞鞋"，在舞池里随着市场的节奏起舞。做好投资所不可或缺的独立思考、保守审慎变得极难做到。

（二）羊群效应等集体非理性行为出现的概率增加

股票市场时常出现"抱团"现象。公募基金集体买入某些板块、某些概念的股票，把它们的估值推升到明显高估的地步仍不罢休。稍具常识的人都知道这种情况难以为继，但基金经理们却乐此不疲。背后就是社会心理学上的"羊群效应"在作祟。基金经理们多数都是著名高校毕业的知识精英，本不应该轻易而广泛地卷入羊群效应，而最终让他们时不时地陷入集体非理性行为的，就是他们对相对收益的过度追求。对于这种效应，经济学家保罗·克鲁格曼在二十多年前曾经做过深刻的分析，我按照他的逻辑把基金经理们的心理描述一下：基金经理选择加入追逐热点的竞争，如果业绩排名靠前，他会得到奖赏，如果业绩排名不理想，他也会被原谅，因为他不过做了与市场"主流"一致的事情；相反，如果他选择特立独行，业绩排名靠前也就罢了，万一不靠前，他的处境就会非常糟糕。因此，基金经理大概率会选择做与市场主流一致的事情。

从更一般的意义上说，对相对排名的过度重视促使市场偏离正常状态的时间更长、幅度更大。在个股层面，也导致股票价格偏离其内在价值的时间更长、幅度更大。

（三）风险控制原则被忽视的概率增加

一个遵循保守、理性原则做投资的基金经理看到另一群基金经理追逐泡沫却排名靠前，他大概率会感受到业绩排名的压力与日俱增。当这种压力大到一定程度，比如他所在基金公司的管理层有可能把他降级甚至要把他开除掉的时候，他还有多大的定力继续遵循保守、理性的原则呢？这个过程是基金行业每天都在上演的戏码，无数个基金经理在相对收益考核面前只能选择放弃自己的风险控制原则，从而致使长期业绩变差。

三、绝对收益理念为什么重要

巴菲特曾经告诫大家，股票投资的第一条原则是不要亏损，第二条原则就是永远不要忘记第一条原则。他想告诉大家的就是在投资中维持本金安全的极端重要性。绝对收益理念最重要的含义就是获得正收益，不要亏钱。

我曾经在大型证券公司管理过经纪业务，代销基金产品是经纪业务条线的重要工作内容之一。当时许多基金公司的高层来拜访我，对我一再夸耀他们公司的投资业绩排名是多么好。我则对他们反复说：咱们先不谈你们的排名好坏，你们能否先努力做到不亏钱，然后再说能赚多少钱。我之所以提这样的要求，是因为我要对经纪业务各网点千千万万的客户负责，基金经理排名如何对我而言并不重要，客户不亏钱、能赚钱对我却非常重要。我的这些亲身经历从一个侧面说明了绝对收益的重要性。

从投资方法论上说,追求绝对收益更有利于践行价值投资理念。我们结合两种典型的市场环境来阐述这一观点。当市场处于过热时期,出现泡沫时,追求绝对收益的基金经理会选择降低仓位甚至暂时离开市场,他至少不会参与追逐泡沫的"博傻"游戏;当市场处于情绪低谷时期,股票被低估时,追求绝对收益的基金经理会选择逐步加仓,他至少不会选择进一步减仓或者逃离市场。对比前文的分析你会发现,在这两种典型的市场环境中,追求相对收益的基金经理和追求绝对收益的基金经理有可能做出截然相反的选择。毫无疑问,追求绝对收益能够获得更好的投资业绩和风险控制效果。

四、公募基金应该坚持绝对收益理念

虽然我们无法彻底免俗,无法完全不考虑业绩排名和相对收益,但是我认为,公募基金公司应该把绝对收益理念作为自己的基本经营原则之一,应该在力争不让客户亏钱的基础上再追求更好的业绩排名。

(一)坚持绝对收益理念是保护持有人利益的要求

坚持相对收益理念直接获益的是基金公司和基金经理,因为一旦"赌对了",基金公司和基金经理的短期投资业绩排名会提升。坚持绝对收益理念直接获益的是基金持有人,因为基金持有人的本金更加安全,长期投资回报也会更好。仅仅是相对收益本身对基金持有人没有意义,试想如果你买了一只亏损8%的基金而该基金当年业绩排名第一,对你的意义大吗[①]？只有在基金取得正收益的基础上又获得了比较好的排名，这个排名对基金持有人才有真正的意义。

（二）坚持绝对收益理念是取得良好长期业绩的要求

坚持绝对收益理念能最大程度上避免让投资者亏钱，而不亏钱是获得长期业绩的重要保障。巴菲特之所以这么重视"不亏钱"这个原则，实在是因为它是取得长期优秀投资回报的最重要的基础。简单的数学运算就可以告诉你，如果你的一笔投资第一年就亏损了30%，你的长期（比如十年）投资收益率会受到非常严重的影响。

另一方面，正如前文所述，坚持绝对收益理念更有利于践行价值投资理念，而价值投资是胜率最高、最有效的投资方法论，即便放开本金安全这一问题不论，坚持绝对收益理念也更有利于取得良好的长期投资业绩。

（三）坚持绝对收益理念是做好投资风险控制的要求

投资行业有句名言：熊市里不容易亏钱，牛市里容易亏大钱。这句话的意思是：在熊市里每个人都看到了风险，因而谨小慎微，反而亏不了什么大钱；在牛市里大家看到的都只是机会，忽略了风险控制，经常买股票买在"天花板"价格上，反而容易亏大钱。这里的关键就是风险控制做得好不好。在牛市的尾声还追逐泡沫的人，心中想着的主要是相对收益——你赚了那么多的钱，我赚的一定要比你多。如果你是一个坚持绝对收益理念的人，在牛市的后期，你会满眼看到的都是风险，不

---

① 事实上，2011 年全国市场排名第一的公募基金确实亏损了 8%。

大可能去高价买入股票。如果基金经理能够坚持绝对收益理念，就能够以更大的概率避免牛市尾声时的风险。

风险控制的另一个关键时期是基金的建仓期。秉持绝对收益理念的基金经理往往倾向于"稳起步"，以建仓期结束时不让客户亏钱为基本目标。追求相对收益的基金经理会在第一时间就把仓位顶满，以免影响他的业绩排名。这两种理念指导下的两种不同做法，有时会给基金持有人带来迥然不同的投资体验。那些有切肤之痛的持有人会更加珍视第一种基金经理的风险控制能力。

五、培养正确的风险收益观

回到投资者这一侧，我们要来讨论几个根本问题。之所以说这些是根本问题，是因为正确认识这几个问题太重要了。

（一）绝对收益不是保本保收益

绝对收益是一种追求，一种理念，它是基金公司和基金经理努力的方向，是指导投资行为的准绳。绝对收益不是你只要付出 100% 努力就能够 100% 实现的目标，它不是一种"规律"，而只是关乎"概率"——通过不懈的努力只是可以提高不亏钱的概率。基金公司追求绝对收益或者坚持绝对收益理念也并不意味着它承诺保本保收益。

绝对收益理念与保本保收益在本质上是互相抵触的。如果你要基金

公司保本保收益 ①，那么你能够获得的收益率一定是很低的。其中的道理非常简单：如果规定你不能屈膝，试想你能跳得很高吗？坚持绝对收益理念却可以取得良好的长期业绩，因为它在拥有明确原则的同时，保留了足够的弹性让基金经理能够有所作为。

（二）绝对收益与相对收益应该兼顾

绝对收益是底层的思维原则和风险控制的思路，在基金建仓期和市场处于极端情况时，能够发挥重要的作用。在其他时间段和情况下，追求相对收益是合理和无害的。业绩排名在许多时候对于投资者辨识基金公司、基金经理、基金产品的好或差都是有帮助的。

所谓"疾风知劲草，板荡识英雄"，投资者应该留意那些平时投资业绩排名较好，在市场处于明显过热或过冷时期能够坚持绝对收益理念、保持理性和独立思考能力的基金公司和基金经理。如前所述，一只新基金的建仓期是观察一名基金经理的重要时间窗口。另外，投资者可以观察一家基金公司所有基金产品的业绩，如果在大部分时间段内，它的所有正常产品 ② 都有正收益，那么这家基金公司大概率是能够坚持绝对收益理念的。

（三）培养正确的风险收益观

每个人都是既希望多赚钱，又不希望承担亏损的。现实世界里这样两全其美的事情很难做到。**想要获得较高的投资收益就要做好承担风险**

---

① 法律禁止任何资产管理机构对客户保本保收益。这里只是为了说明道理，才做此假设。
② "正常产品"指建仓期已经结束、开始正常运作的基金产品。

的准备，不想承担高风险就应该接受较低的收益率。即便是一家坚持绝对收益理念的基金公司，在面对股票这类高风险投资品种时，也不可能做到100%不亏损，它只是能够最大程度上避免本金亏损。如果投资者拥有正确的风险收益观，就既能够享受优秀基金公司提供的高品质的投资服务，又能够在万一出现亏损时泰然处之，正确应对。

在结束这部分内容之前，我想讲一下公募基金行业践行绝对收益理念的最新成果。

长久以来，我国的公募基金能够提供的绝对收益产品主要是打新基金和市场中性产品。前者靠获取新股的一、二级市场价差获利，受新股发行政策影响较大；后者靠剔除指数风险后的由选股带来的超额收益立足，受股指期货负基差影响较大[1]。近年来，少部分基金公司在"固收+"产品上认真摸索，逐步建立并完善了一整套的方法论，取得了稳定的长期业绩，得到了投资者和销售渠道的广泛认可。

感兴趣的读者可以参阅媒体就"固收+"业务对作者所做的访谈。

---

[1] 普通投资者可以这样理解股指期货负基差对市场中性产品投资收益率的影响：市场中性产品的实际收益率＝选股带来的超额收益—股指期货负基差。

第二节
如何看待量化投资与量化交易

前文多次提到市场中性基金、纯量化方法等内容，相信已经有不少读者给予了关注并期待进一步了解。市场上有很多致力于做量化投资的机构，量化产品也非常多。2021 年中期以来，A 股平均每天过万亿的成交量里据说有 20%~30% 来自量化交易，可见，量化投资和量化交易已经是个广泛的存在，有必要对其加以研究。

量化投资与量化交易是两个不同的概念。量化投资是一种投资行为，有自己的投资理念和选股方法，它骨子里信奉的同样是"研究创造价值"，只不过采用了量化为主的方法。"基本面量化"属于量化投资。量化交易是一种交易行为，它信奉的是"交易创造价值"，量化手段是它发掘赚钱机会、捕捉赚钱机会的主要工具。"纯量化"属于量化交易。

一、如何看待量化投资

量化投资的核心是投资。量化是为改善投资效果而采取的手段。最初级的量化投资就是量化选股，不少投资人员都曾经采用过。由于股票数量非常多，为了完成对投资标的初筛，不少人都在行情软件里运用过"条件选股"功能，比如把过去三年 ROE 都在 15% 以上且利润增速在 15% 以上的股票挑出，行情软件在两三秒里就能完成这项工作。随着统计学专业、金融工程专业的学生不断加盟投资行业，量化方法在辅助研究、辅助投资方面发挥着越来越大的作用。体量较大的基金公司已经建立了"智能投研系统"，在投研数据库建设、智能选股系统、组合绩效评测与优化系统等方面投入了大量的人力、物力等，取得了一定的进展。不少基金公司专门设立了量化投资部，负责量化选股模型[①]的开发、风格因子的识别、组合绩效的改善。股票对冲类产品、指数增强型产品等传统上都是量化投资部的业务范围。今后量化投资还有可能取得更大的成就。

量化投资的优势有以下几个方面：第一，运作高效。尽管量化投资的基础设施复杂，门槛较高，但一旦建设完成，在具体的投资管理工作上，量化投资的效率是非常高的。传统主动管理业务面临的拆单交易（为了减少冲击成本）、批量下单、精准控制组合比例等难题，量化投资都能轻松完成。第二，视野全面。量化投资默认对全市场所有股票进行研究，并且轻松就能做到，因而比靠基金经理个人努力更容易发现冷僻领域的投资机会。第三，纪律严明。量化投资主要靠量化系统和事先预设的参数进行投资操作，在选股标准、仓位控制、风险控制、止盈止损等方面不会受到过多的主观干扰，投资纪律会得到严格执行。

量化投资的缺点有以下几个方面：第一，成本很高。基金公司从事量化投资往往需要整建制的量化团队，包括策略师、金融工程师、程序师等，一般需要 4~6 人，人力成本较高；需要购买高算力的服务器等硬件，购买各种程序接口，购买数据服务等，IT 成本较高；量化团队从组建到搭建系统、整理数据、提出策略、验证策略、设计产品方案、产

[①] 这种选股模型主要基于基本面因子建立和运作。纯量化模型则更多地依赖动量因子。

品募集成功，需时短则1年，长则2~3年，时间成本较高。这对基金公司来说是个巨大的缺陷。第二，容易被效仿。量化投资的策略一旦公开，比较容易被其他量化团队效仿，因此，多数量化团队都对自己的投资策略讳莫如深，不愿详谈。这使得量化投资很难通过公开讲述自己的投资策略吸引投资者，从而影响了量化产品的发展壮大。第三，部分策略的容量有限。量化投资策略又可以分为两类：其一是仅仅用量化方法辅助主动管理，这种策略不会因为采用量化方法而减少容量；其二是以量化方法开发的独立性较强的投资策略，比如以融券交易为收益增强工具的策略，它的策略容量就比较有限（因为全市场融券业务规模非常有限）。

二、如何看待量化交易

量化交易又可以分为两大类：其一是基于某种择时系统的高频交易，比如私募平台上大量进行的股指期货、商品期货的量化高频交易，这些择时系统既可能基于自建的量化模型，也可能纯粹根据市场提供的交易信号做出买卖决策。其核心是投资人员的交易能力。其二是所谓的"纯量化"①交易，它是基于时间序列和统计工具开发出量化模型，根据量化模型来做投资决策。其核心是量化团队的策略开发能力。

有人把纯量化交易和量化投资混为一谈，我觉得二者在本质上有

---

① "纯量化"是个约定俗成的叫法，它对应的是"基本面量化"。"统计套利"是纯量化交易的主要手段，它主要通过对过往海量的股票市场数据进行统计学分析，从中发现运行规律，提炼交易策略。

明显不同。纯量化交易的重点在"量化"上，它不以持有投资理念和选股标准为前提，本质上它是一个交易系统；量化投资的重点在"投资"上，它以事先确定的投资理念为前提，只不过是借助量化方法来提高效率，本质上它是一个研究系统。

高频交易的核心能力在某种程度上是不可言传的。我曾经和一位市场知名交易型机构的创始人交流，请他给我推荐一位交易能力出众的人。他的回答意味深长："除了我之外，我看不到公司里还有其他人有出色的交易能力；公司外真正有交易能力的人也都自己创业了。"当你碰到交易型机构向你推荐产品时，你要么折服于它的投资业绩，选择相信他们的交易能力；如果你未能信服它的业绩，你也很难指望通过他的一番讲解而得到信心。

尽管国内外都有关于纯量化交易的传奇故事，不少人趋之若鹜，但根据我多年的观察，纯量化交易存在几个突出的问题：第一，它很容易落在市场的后面。其中的道理非常简单：它靠分析已经产生的数据（时间序列）来挖掘策略，而数据分析、提出策略、完成回测、确认策略都需要时间，等到它把确认有效的策略付诸实施的时候，市场已经发生变化了，它的策略很有可能已经失效。你会发现一个有趣的现象，纯量化交易在市场风格频繁切换的时期经常"两边不讨好"：当它开始看好大盘风格时，市场已经切换到小盘风格了，它的业绩排名很不好；当它开始看好小盘风格时，市场又已经切换到大盘风格了，它的业绩排名还是很差。第二，策略"黑箱效应"更加明显。纯量化交易挖掘的一些策略，本身只是在统计分析上有一定的显著性，或许根本没有因果关系，因而很难向公众说明白；加上一个纯量化组合往往同时使用着几十个策略，对这么多策略一一说明起来就更加困难。出于这些原因，采用纯量化方法的交易团队通常会保持自身策略的神秘感，客观上让它成了一个"黑箱"，不为投资者所知。第三，策略容量更加有限。纯量化交易发现的策略往往都不是宽广的大道，而是细小的结构性的机会，一旦资金涌入，相关策略的效果就可能减弱甚至失灵。这也是纯量化策略必须保密的一个原因。

迄今为止，量化交易在我国已经发展了十多年，有时量化交易的业绩表现较好，有时表现又很差，存在明显的"大小年"现象①。业绩一直很好并且能够把方法论说清楚的机构仍然十分稀少。不过，由于我国证券市场的机构化程度还比较低，仍然存在一些套利机会，量化交易依然会有其不错的生存空间。

第三节
正确认识价值投资的维度

不管我们是否愿意承认，公募基金的确具有很强的"相对收益"的特征。任何一家公募基金都无法完全免俗，都需要关注本公司基金产品在同类产品中的业绩排名。于是，业内出现这样一种看法：价值投资理念不适用于公募基金；要想获得更好的排名，基金公司应该寻求其他更

---

① 据我观察，在市场偏向成长风格和小票行情时，量化交易的业绩相对较好；相反，在市场偏向价值风格和蓝筹股行情时，量化交易的业绩相对较差。

容易抓住风口、捕捉趋势的投资方法。不得不说，这样的想法比较有杀伤力，许多基金公司有意无意地向它屈服，采用了顺从趋势和动量的投资方法。但是，这种看法是错的。在这一节，我们就来认真分析一下价值投资的维度，在此基础上系统说明一下公募基金公司应该如何践行价值投资理念。

维度：dimension，此处指的是衡量复杂度和面向的刻度。高维意味着一个方法论体系复杂，低维则代表一个方法论体系简单。

一、价值投资的维度

下面我依照从低维到高维的次序来讨论价值投资的维度。

（一）一维的价值投资

第一维指公司，对应的投资形式是管理自己的钱。买股票就是买公司，通过分析公司未来的现金流来估计其内在价值，在价格低于其内在价值的时候买入其股票，利用价格向内在价值的回归以及公司分红等方式获取投资收益。为了增加投资的确定性，投资人要清晰地认识到自己的能力圈的有限性，在能力圈以内挑选生意模式好、具备护城河的上市公司作为投资对象。价值投资通常是长期投资、逆向投资。

（二）二维的价值投资

第二维指期限，对应的投资形式是持有期（封闭式）标准股票型公募基金。其特点是增加了资金的期限要求，以及期限结束后排名的要求

（属于相对收益），但还没有权益仓位控制的要求。封闭期通常是1~3年，这要求所持有的股票必须在既定的期限内兑现投资收益。根据封闭期的不同，股票投资逻辑需要在财务逻辑（1年）和产业逻辑（3年）之间做选择和平衡。实际上，用3年的时间来兑现产业逻辑略微短了一些，5~7年更好。此处的相对收益，指的是在封闭期结束时的收益排名，这种排名是相对宽松的，还不需要花费太多精力去应付。基金经理只要具备在全市场精选个股的能力，时刻牢记巴菲特所说的"计分卡"只有20次机会，坚持优中选优，大概率就能获得较好的业绩排名。

（三）三维的价值投资

第三维指排名，对应的投资形式是标准股票型公募基金。标准股票型基金没有了封闭期，客户资金随时可能赎回，因而时时刻刻都得比较业绩排名（业绩排名又叫"相对收益"），取得好的排名此时变成了一个硬的要求。这种排名的要求与价值投资的基本精神是违背的，它逼迫基金经理关注市场热点和资金流向，更加重视选股的"短逻辑"，要求所选的股票能够尽快兑现收益。但排名的要求与价值投资理念并非不可协调，或者说价值投资在达成相对收益时仍然是最有效的方法论。一维和二维的价值投资在这里仍然是决胜手段，只不过对组合管理技术提出了更高的要求。比如对组合收益兑现次序和兑现连续性的要求，对选股的长逻辑与短逻辑相结合的要求，等等。

（四）四维的价值投资

第四维指择时，对应的投资形式是灵活配置型公募基金和专户。这两类产品的投资人的风险态度通常要比标准股票型基金的投资人谨慎得多，他们要求产品能够躲过市场的系统性风险。也就是说，投资人并不指望你穿越牛熊市赚取很高的收益，但希望你在市场大跌的时候不要跟着大跌，哪怕为此会损失一些收益。择时（timing）也叫"权益仓位控制"，此处的仓位指的是裸露的（没有经过对冲的）权益总仓位。择时意味着会打断所持有股票的投资逻辑。从这个意义上说，它与价值投资的基本理念是相违背的。但是，我们仍然有办法协调这二者之间的关系，或者说价值投资在达成业绩回撤控制目标上仍然是最有效的方法论。择时都是以选定股票为前提的，在拥有认知优势的好股票上做择时，是择时成功的关键。必须强调的是，价值投资自身提供了非常好的择时手段，我们将其归纳为"自下而上的基本面择时"：当我们立足于全市场的个股研究，发现风险—收益比划算的公司越来越少时，就会自动降低股票仓位；反之，当发现风险—收益比划算的公司越来越多时，就会自动提高股票仓位。其他有效的择时机制还包括：立足长周期（10年）的估值分位和均值回归理论所做的逆势仓位管理，以及立足对股票市场中"机制性传导因素"的认知所做的规避风险预案。

（五）五维的价值投资

第五维指保本，对应的投资形式是绝对收益策略产品。市场中有大量客户无法承受5%以上的本金亏损，比如长期购买银行理财产品的客户和使用自营资金的国有金融机构。这类客户通常不期望有很高的收益，但要求期间内不要有实质亏损，投资期结束后不能有任何亏损，对这类客户能够提供的只有绝对收益策略产品。不能出现短暂亏损的要求和价值投资的基本理念是相违背的，在这个紧箍咒的约束下很难做逆势投资，也很难拿住好的股票，但是我们仍然有办法协调这二者之间的关系，或者说价值投资在达成绝对收益目标上仍然是最有效的方法论。以目前国内证券市场可选投资标的而论，实现绝对收益策略的最佳产品结构有两个：一个是"固收+"，另一个是股指期货全时对冲产品（市场中性）。对于"固收+"产品，"+"什么至关重要。践行价值投资理念能够确保"+"的都是好股票，如果我们再进一步明确为业绩确定性强、分红高、估值低或者安全边际较大的股票，则"+"股票的风险就能够得到有效控制，相关的收益也更有把握实现。对于市场中性产品而言，它的收益主要取决于选股的"阿尔法"收益，而这正是价值投资者的看家本领。

二、如何正确对待价值投资的维度

随着维度的增加，投资方法论的复杂度大幅增加，客观上会影响投资人员对选股的专注度和深度，这不是我们所乐见的。但是公募基金应该主动适应各类投资人的不同风险态度和收益目标，为他们创造良好的投资业绩，哪怕为此要付出更多的心力也在所不惜。

（一）一维的价值投资是定胜之道

学习价值投资思想时，我经常能够体会到智慧的力量。如果按照他们所传授的投资方法，几乎可以百分之百地赚钱。一维的价值投资者，运用自己可以掌握的资金，在自己的能力圈以内选股，耐心地等待好的投资机会出现，只在绝佳的投资机会出现时才出手，一旦买入就长期持有，等待业绩之花充分绽放。

在一维的投资方法里，我们唯一需要真正关注的就是企业本身。这是一种极致的降维和简化。在这种方法论里，市场不仅可以不关注，它甚至可以不存在，即所投资的企业不一定需要上市。买入时机似乎也没有那么重要，因为与护城河带来的长期盈利能力相比，买入价格的些微差距几乎可以忽略。相比而言，是研究的深度更加重要，也就是说真正地弄懂企业是个远为重要的问题。一维的价值投资者既是专注的，也是从容的，他们是成竹在胸的智者。

企业的内在价值，是一维的价值投资集中精力去研究和评估的核心指标。它也是整个价值投资体系的"锚"。无论方法论的维度怎么提升，所有价值投资者都是依据企业内在价值做出投资决策的。

（二）公司应千方百计给投资方法降维

随着维度的增加，价值投资的方法论越来越复杂，投资人员需要关注的东西越来越多，注意力变得分散，获得认知优势的概率降低；与此同时，即便拥有认知优势，选定股票的投资逻辑被打断的可能性也会不断上升。这两个方面都表明，高维度的投资方法获得高收益的能力会大幅下降，获得阿尔法的确定性也会有所降低。作为践行价值投资理念的专业投资机构，基金公司应该千方百计地创造条件，降低投资方法的维度。可以采取的措施包括：

第一，发行标准股票型产品，目的是去除或弱化择时维度。

第二，发行持有期产品，目的是弱化排名维度，强化长期选股逻辑。

第三，加强价值投资理念宣传，选择理念契合的客户，拉长客户的持有期限，目的是弱化择时要求和排名压力。

第四，发行长期封闭式专户和不设止损线的专户，目的是弱化保本维度。

第五，拉长考核周期，避免市场风格对投资人员造成过大压力，目的是弱化排名维度，强化长期选股逻辑。

（三）投资人员要清楚每只产品的维度

每只产品的设计、申报、募集、成立、重新定位等都是投资工作的前置节点。在这些节点上，一只产品的投资维度就已经确定下来了。产品合同、公布的投资策略、单一专户客户的要求等都会把产品的投资方法的维度界定得比较明确。投资人员在接手一只产品时，要对以上要素认真进行了解，从而弄清楚该产品的投资方法的维度。

其中尤其需要注意的是，有时客户表述的风险偏好态度并不能代表其真正的想法，尤其在牛市中后期，客户有可能误以为自己（本机构）的风险承受度比较高，实际上熊市一旦来临，客户就会变得相当保守，因此在投资维度的识别上，要坚持"就高不就低"的原则，否则在客户亮出真正的风险态度时就会措手不及。

我们追求的目标是对方法论进行降维，但这必须在产品允许的范畴内进行。超越这个范畴进行降维，有时会带来极为严重的后果，一定要避免这种情况出现。

（四）投资人员必须掌握足够高维度的方法论

投资人员的培养有着严格的循序渐进的过程，其方法论的升维过程不仅涉及思维训练，更需要以扎实的实践经验为基础。基金公司必须针对每个投资维度开发不同的针对性的培训课件，由具备相应经验的投资人员充当讲师，传授一些切实可行的技巧。投资人员只有掌握了对应维度的投资方法，才应被允许管理相应维度及以下维度的产品。

三、维度与内核

经常有人提出这样的疑问：你明明知道巴菲特的方法不能直接应用于公募基金，为什么还要天天研究他的投资思想？

这是因为，投资方法的权变是以投资理念的清晰为基础的。一维的价值投资是投资方法论的内核。无论是哪个维度上的投资方法，如果不是以价值投资的核心理念为基础，它就会失去自己的"锚"，变得飘忽不定和难以捉摸，从而不再是一门可以学习、可以掌握、堪称科学的投资方法。

只有反复地学习巴菲特的投资思想，才能知道哪些内容是其真正的"要旨"，哪些内容是可以随具体情况不同而加以权变的。首先，对"要旨"的把握每增进一分，就可以少犯很多错误。只有真正弄明白"任何股票都只有一个真正的买家，那就是公司自己"这句话的人，才有可能把注意力完全放在公司上，忽略掉那些不重要的东西。其次，要认识到投资方法有因人而异的一面，因此不能过于拘泥。比如对于"安全边际"的理解，段永平认为主要不是体现在"价格低于内在价值的幅度"上，而应该体现在"对既定投资标的的认知优势"上，也就是比其他人"更懂的程度"上。段永平的长项在于对生意模式的鉴别能力，以及对于游戏、手机等新兴行业的了解上，因此，对于更看重商业模式竞争力和企业长期持续增长能力的他来说，买入价格就没那么重要；相反，看错了商业模式，后果则要严重得多。知道了这些，我们就明白他对安全边际有这样的解读是完全可以理解的，就其个人而言，这样的解读也是可以执行并取得良好投资收益的。而你如果在鉴别商业模式上没有他那么厉害的眼光，则还是回到原始意义的"安全边际"会更好。

只有反复地学习巴菲特的投资思想，才能结合日常面对的不同维度的投资实践，将价值投资的内核有效地应用于其中。个别投资者一旦碰到择时的问题、相对收益的问题、控制回撤的问题，就会马上宣称：价值投资不适用于这些领域，我们必须改弦更张，另觅他途。实际上那些在投资实践中磨炼多年的人，反而会得出一些不同的感悟。比如，控制回撤最有效的方法还是精选个股；择时的最好办法还是自下而上的基本面仓位管理方法；适度分散持股不仅是风控的需要，也是获取收益的需要。这些感悟都是价值投资核心理念在各种维度的投资形式上加以应用后得来的宝贵财富，它们不仅说明价值投资的生命力，也证明价值投资理念常读常新，能够持续指导各种投资实践。

在结束投资问答篇之前，我想给大家提一个请求。对于像我这样身在基金公司的人来说，我们并不完全清楚普通投资者会关心哪些问题。本篇以及本书其他地方所尝试回答的问题，都是我本人以及我们的员工在与客户、其他投资者接触时收集到的。我相信大家还有不少其他问题，如果你希望得到我和同事们的回答，欢迎你登录安信基金的官方网站或者官微，在那上面提出自己的疑问，我们会在合适的时间尝试给出我们的答案。

附录一
带您走进安信基金

撰写这个附录的目的是把安信基金介绍给大家。眨眼间我已经在这家基金公司工作了8个年头。感谢股东单位和董事会的充分信任，把这家公司完全交给我和我的伙伴们打理，让我有机会享受采用专业化方法管理一家专业投资机构所带来的巨大乐趣，并见证它从一棵稚嫩的小草长成枝繁叶茂的大树。

在管理这家公司的过程中，我早年从事证券研究和资产管理业务的经历，让我可以很好地理解研究工作和投资管理工作，这些理解为我们确定安信基金的基本经营战略和管理思路奠定了坚实的基础。在证券公司管理经纪业务和担任期货公司董事长的经历让我对证券和期货经纪业务有了很深的体会，一方面让我倍加珍惜资产管理业务与客户利益一致、共同成长的宝贵属性，另一方面也让我能够站在代销渠道的立场上思考资产管理公司应该如何经营。

在我职业生涯的前10年，根据所在公司的大局需要，我曾经两度参与人力资源管理工作（一次是人力资源部总助，一次是人力资源部总经理），两度担任总裁办主任，并直接对接波士顿顾问集团（BCG）、合益集团（Hay Group）、华信惠悦等专业咨询机构，让我对金融机构的中后台管理工作有了深入细致的了解，接触到了当时国际上最先进的战略管理、人力资源管理思想和方法。这让我有能力带领同事们自行设计安信基金独具特色的绩效考核和激励机制，并使其成为业内执行最到位、最成功的基金公司基本制度之一。安信基金也是业内较早制定并颁布"使命和愿景""不为清单"等战略管理宣言的机构,有力推动了公司内部形成简单、积极的企业文化。

安信基金能有今天的成绩,我对前两个东家——招商证券和安信证券充满感恩之心。除了给了我前面提到的各种经历和知识之外,这两个机构的文化也对我产生了深刻的影响。招商证券的"敦行致远",安信证券的"合规文化",都在安信基金的精气神里得到了继承和发扬,确保了安信基金不犯错误、少犯错误。

2021年12月6日正值安信基金成立十周年。我写这本书的目的之一就是要把它作为生日礼物献给安信基金的十周岁生日! 10年时间,对一家资产管理机构来说,是非常短暂的!但是安信基金已经在理念、战略、团队、文化等方面打下了良好的发展基础,许多潜力还没有充分发挥出来。展望未来,我们看到了中国资产管理行业发展的大时代,对安信基金能够为投资者创造良好业绩充满信心!

有调性的"60后"基金公司

安信基金成立于2011年12月,持有公募基金行业第69家牌照。我们常常戏称公司是"60后"基金公司。公司总部所在的新世界商务中心与深圳市政府之间只有一箭之地,公司经营班子和投研部门集中在36层,平时这里静悄悄的,除了偶尔造访的卖方分析师引来短暂的寒暄，这里就像一座安静的图书馆。每个人都有自己要研究的事情，公共办公区里大家都在埋头阅读资料，会议室里每天都在闭门讨论投资标的和投资专题。

"60后"的基金公司，比如持有第60家到第80家牌照的基金公司，成立之初面临着较长时间的股市清淡行情，2018年之后又遭遇基金行业的"头部效应"挤压，普遍发展艰难。在这样一个群体中，安信基金显得比较特别。渠道、客户和媒体不止一次地告诉我们：你们公司太低调了，好像不怎么在意规模，人员特别稳定，几乎没听说你们投资上踩过雷，长期业绩非常优秀，换手率很低，夏普比率很高，动不动就发持有期产品……简单一句话，安信基金似乎有自己独特的"调性"。

到2021年年底，安信基金成立已满十年。在所经历的9个完整的年度里，安信基金共获得了《中国证券报》颁发的12个"金牛奖"，还有《上海证券报》颁发的13个"金基金奖"，以及《证券时报》颁发的13个"明星基金奖"，长期业绩受到市场广泛肯定。我们不是一家投资业绩非常"拉风"的基金公司，却是大家公认的投资业绩非常"靠谱"的基金公司。这样的稳健风格得到了广泛的认可，业务规模稳步上行。

安信基金之所以具备上述特质，与公司的股东背景、经营理念、对投资的理解以及企业文化都是密不可分的。下面我稍微展开一下。

一、投研立司

安信基金是由安信证券和两家央企下属公司共同发起设立的。在公司筹备期和成立之初，公司就确定了"投研立司""坚持价值投资"这两条基本原则。当时安信证券的大股东是中国证券投资者保护基金公司，两家央企分别是中国五矿集团和中国广核集团。这三家股东的背景都非常强大，传递给安信基金的要求也就非常高，"你们将来要把安信基金在基金行业内的地位提高到与我们在各自行业内的地位相匹配的高度"。正是这样的期许，让安信基金在创立之初就志向高远，确定了若干重要的原则，这些原则让公司在经营战略上需要做取舍的时候有了清晰的标准，从而避免了许多错误。在这些原则中，最重要的一条是"投研立司"。

投研立司有几重含义：第一，作为基金公司，最重要的能力是投资赚钱的能力，所以，强大的投资能力是公司立身之本；第二，研究创造价值，投资赚钱的能力来自研究工作所创造的认知优势，所以，研究工作与投资工作密不可分，投研一体；第三，公司应该对投研工作、投研团队充分地投入资源，在公司资源不足时，要优先保证对投研团队、投资工作的投入。

投研立司这一原则的确定，带给安信基金许多益处，这里只说最重要的两条。第一，我们拥有足够的资源建立强大的投研团队。比如，我们一直致力于建成一支覆盖所有行业的权益研究团队，到2017年，我们完成了这一目标，实现所有一级行业都有专职研究员覆盖、重要行业双人覆盖。再比如，我们在2016年设立了"债券研究部"，组建了6个人的专职信用研究队伍，实现了"以内部评级为主要依据做信用债投资"的目标。从2018年开始，安信基金的投研团队达到80人以上，与大部分中大型公募基金公司的人员配备相比毫不逊色。第二，我们具备条件推出独具特色的激励机制。在董事会充分授权的前提下，安信基金在 2014 年底推出绩效挂钩的激励机制。从 2015 年到 2021 年，在 7 个完整的年度里，我们不断微调和完善这一制度，确保它得到有效实施，很好地解决了"小池塘养大鱼"的难题[①]，有效地激发了投研团队的工作激情，不仅确保了现有投资团队的稳定，而且不断吸引行业优秀人才加盟安信基金。

应该说，安信基金之所以在投资上能够有所成就，投研立司这一原则功不可没。

二、价值为本

投资机构的天职是为客户赚钱，为投资者创造价值。用什么方式为投资者赚钱，是涉及专业投资机构核心投资理念的问题。一家公募基金在投资上走的路子正不正，决定了它能走多远。安信基金在成立之初就确定了把"价值投资"作为基本理念，以"自下而上，精选个股"作为主要的方法论；2017 年又进一步明确了在债券投资上奉行"信用价值观"。十年来，我们始终坚持价值为本，践行价值投资理念，不管市场给予我们多少考验，我们的选股标准从未放松。

价值投资就是投资价值。"投资如果不是投资于价值，我不知道它投的是什么？"段永平这句浅显的话，既说明了投资的本质，也彰显了价值投资者舍我其谁的自信。公募基金投资工作同样要坚持价值为本，以找到好股票作为中心工作，在它价格合理的时候买入，赚取企业成长

---

① 这里指的是小基金公司培养并留住一流基金经理的难题。

带来的收益。

对于价值投资的深刻理解，主导着安信基金的资源配置、人才培养、考核激励、企业文化等各个方面的工作。下文列出了我们对价值投资的几条关键理解及其在公司经营管理上产生的影响。类似这样的影响还有很多个方面，下文只列明了一部分。

【 对于价值投资的关键理解和对应的管理措施 】

▼价值投资的成功关键是把股票对应的企业的基本面研究透，研究创造价值。

▲所以我们高度重视研究队伍的组建和培养。

▼价值投资就是让低估的股票价格回归其内在价值的过程，而这种回归往往需要一定的时间。

▲所以我们在考核中并不在意短期业绩。

▼价值投资是相当个人化的事情，决策者个人对股票的认知深度、风险态度、对胜率／赔率的偏好、对折现因子的判断等等，都会让他的看法与其他人不同。

▲所以我们从不试图用集体决策来代替投资人员的个人看法，而是坚决地实行基金经理负责制。

三、规则驱动

我们一直致力于打造一个由"良法"驱动的资产管理机构，以便让公司内部的导向非常清晰，让大家把注意力集中于创造良好的投资业绩。安信基金的重要规则都挂在 OA 系统上，理念和信条都挂在办公室的墙壁上，是完全公开的。除此之外，没有其他规则，更没有所谓的"潜规则"。

首先，我们确保公司订立任何重要规则时都遵循民主、公开的原则。平时我们认真思考现行规则的不足之处、哪些新情况需要制订新的规则等问题。每年临近年末，我们开始为制订明年的规则做切实的准备。待第二年初完成上一年度的绩效考核后，我们会发布第二年各项规则的征求意见稿。然后反复征求意见，往往数易其稿，总办会还会对其中的焦点难点问题专门开会研究，最后拍板确定最终的制度版本，并在第一季度末之前发布于 OA 系统。

其次，我们会充分发挥职能部门和业务部门两方面的专业性来制订规则。职能部门在 HR、财务、合规、风控、运营等方面拥有专长，他们能确保所要制订的规则合理、合规、可操作。业务部门充分了解投资、销售等具体业务，在确定每项业务的投资管理难度、根据对市场的判断设置考核刻度等方面能够发挥重要的作用。这两类部门的充分参与，是公司所制订规则比较科学合理、是"良法"的重要保证。

最后，我们会坚决执行已经公布的规则。在一个考核年度中，我们一般不会改动规则。仅有一种情况例外，那就是市场上出现了新的业务，而我们之前没有针对它制订规则，这时，我们会召开专门会议研究这项新业务，发布新的考核奖惩办法，以打补丁的方式完善年度规则。

由规则驱动公司的运转，让公司的管理工作大幅简化，管理层和骨干员工能够把主要精力用于钻研业务、提高专业能力和拓展市场，公司整体的运转效率大幅提高。与此同时，规则的科学、透明和稳定，让公司内的每位员工都有明确的努力方向，能够产生合理的预期，能够为了目标沉下心来做事情，有利于大家把潜能最大限度地发挥出来。

四、极简文化

安信基金是一个理念清晰、规则公开、目标明确的公司，这奠定了公司内部文化的基调。多年以来，我们一直致力于塑造诚信、专业、务实、友好的内部氛围，在强调合规事件零容忍、风险可测可控的前提下，尽可能打造一种简单、亲和、开放、进取的企业文化。

我们一直强调，除了正式发布的规则，公司没有其他规则，这是建设极简文化的基础。在公司内部，员工不需要拍任何人的马屁，更不需要选边站队，只要把工作做好，考核结果优秀，就可以在公司内扬眉吐气。

我们承认大家争取自身利益的正当性，同时鼓励大家把个人利益与公司的利益一致起来。对于那些能够为了整体利益而放弃自身利益的人，公司努力让他们走上更高阶的岗位，承担更多的管理工作。

我们尊重专业人员的见解和价值，公司管理层成员的办公室大门永远是敞开的，无论哪位员工都可以推门而入，去和领导交流想法，提出建议。

在安信基金内部微信群里，当一名新员工加入时，几乎所有员工都会自发地表达热烈的欢迎。这种热情，正是公司内部友好氛围的一个明证。

像图书馆一样静的基金公司

安信基金投研团队的办公场所，多数时候静悄悄的像座图书馆。这种安静，是一种气质，它来自我们对投研工作的理解和彻悟。

时间是价值投资者的朋友。投资过程就如静待花开。喧嚣和急躁在这里都没有存在的必要。价值投资者不是 trader，我们用不着像国外证券机构交易大厅里的交易员那样来回跑动，声嘶力竭地挥舞手势。

研究创造价值。投研团队要把绝大部分时间用于学习、调研和分析，沉静的环境有利于大家高效地从事研究工作。

投资需要独立判断。每个投资人员对某只想投的股票是否有信心，应该由他自己去感知。对于自己认知不深的股票，仅仅是听到同伴们在买或者听同伴讲几点理由就去买入，往往带来很遗憾的结果。安静的环境更有利于投资人员独立地做出判断，而不是被同伴炫耀式的荐股所裹挟。

投资需要交流。这种交流必须是有深度的，最好是事前确定好交流的标的或者专题，并充分阅读相关的材料之后再进行。交流最好闭门进行，这样大家不用太担心主讲人的面子，可以毫无顾忌地提问。安信基金在投资人员所在的楼层安排了大大小小的会议室多达 6 个，大部分卖方路演、个股答辩、专题讨论都是在这些会议室内进行的。

　　投资需要感悟。投资关乎知识，但更关乎智慧。资深投资人员强过新晋投资人员的地方，主要不在知识，而在于有更多的领悟。所谓更高的境界，就是指拥有更多的感悟。安静的环境更容易促进思考的深度，激发更多的感悟。

　　投资需要放松。我们在办公区开辟了休息区，放置了图书、杂志以供阅读，也配备了咖啡机、饮料柜供大家使用。我特意嘱咐办公室的同事在休息区的墙壁上挂了一幅"佛手拈花图"，其寓意就是"在宁静中开启智慧"。

　　办公区的宁静，是充满张力和活力的宁静，也是孕育着智慧和灵感的宁静。

安信十条：专业投资机构的自我认知

　　2017年上半年，我亲自起草了《安信基金的使命和愿景》。在公司内反复征求意见的过程中，员工们自发地把它叫作"安信十条"。2017年第三季度，我们正式发布了修订后的安信十条，张贴于深、沪、京三地办公区的醒目位置，得到了员工们的广泛支持和认同，对于形塑安信基金的文化和增强员工的凝聚力发挥了重要的作用。

　　在战略管理学中，使命和愿景所阐述的问题有些像哲学中的"终极三问"：我是谁？我从哪里来？又将向哪里去？"使命"是指一家企业对自己的最基本的认知，也就是"我是什么样的企业"，"与别的企业有什么不同"；"愿景"则是指"我们这家企业要奔向哪个目标"，以及"如何达到那个目标"。

安信十条采用相对规范的战略管理学的语言，从十个方面阐述了安信基金对自己的认知，明确了我们的战略目标、路径选择以及核心价值观。认真阅读安信十条的内容，你应该可以感受到安信基金与其他基金公司不一样的地方。

【安信基金的使命与愿景】

【定位】安信基金是一家提供资产管理服务的专业机构。我们理解的资产管理服务，是基于客户将资金或资产委托给我们管理，我们为其赚取投资收益的过程。

【使命与愿景】我们的使命是为客户提供最专业的资产管理服务。我们的愿景是在资产管理领域成为国内一流、广受尊敬的机构。

【专业】专业是我们对自身的要求。专业意味着比同行对业务有更深的理解，因而能够给客户提供更好的解决方案，更高的执行效率，更高的经风险调整后的投资回报。

【客户】我们所有工作聚焦于客户，致力于帮助其实现财富增值目标，并竭尽全力维护客户资产的安全、客户信息的保密以及客户交付于我们的其他合法利益。

【股东】我们把为股东赚取利润、实现股本增值视作理所当然的义务。我们认为提高公司利润增长的持续性至关重要。

【员工】我们把员工视作公司最重要的财富。公司成长的主要动力是员工所做出的贡献。我们应当让员工从公司的成长中切实受益。公司愿意为员工实现个人事业梦想提供力所能及的帮助。

【品格】我们崇尚正直、理性、务实、专注的品格。我们尊重员工的信仰、个性和隐私。我们认为员工拥有健康的身体和自由的心灵才能为公司做出更大的贡献。公司鼓励员工健康、积极地生活，对家庭和社会负起责任。

【团队】我们致力于建立诚信、专业、务实、友好的团队氛围。敢于承担、勇于创新的员工将得到更多的机会。能够将公司利益置于所在团队利益和自身个人利益之上的人，更有可能成为公司的骨干。

【规则】我们致力于以尽可能民主、开放的方式建立清晰的内部规则，并确保规则得到认真执行。我们将破坏公司规则的人，视作对公司文化最大的威胁。

【合规与风控】我们是一家合法合规经营的机构。公司不做违法违规的事情，不承担看不清楚或承担不起的风险。

不为清单：划定行为边界

在 2018 年公司的中期工作会上，我发表过如下观点："战略"这个词包含两个字，关键是后面这个"略"字，也就是舍弃掉什么；什么都要的战略，往往没有指导意义。段永平也说过，一家企业要准确刻画自己的核心价值观，不仅要说明白想做什么，也就是制定"使命和愿景"，更要说明白不做什么，也就是要列明"不为清单（Stop Doing List）"。他认为，后者比前者更加重要。这和我们的看法不谋而合。要想让公司的经营战略和核心价值观更加明确，公司一定要有一个"不为清单"。2021 年 6 月份，我亲自起草了安信基金的"不为清单"，在全公司范围内征求意见，并于 10 月份正式发布。

这份不为清单用否定的方式系统总结了我们的价值观和战略取向。每一个看完或听完这个清单的客户和渠道负责人，都能够立即了解安信基金是一家什么样的公司，对我们的投资理念、经营管理理念、对渠道和客户的责任心都能有比较透彻的理解和感知。

安信基金的不为清单

1. 不做非主动管理业务

2. 不承担承担不起和看不清楚的风险

3. 不买看不明白的股票

4. 不买高估的股票

5. 不以过度的信用下沉博取债券组合的收益

6. 不预测短期市场走势

7. 不追逐短期业绩排名

8. 不干预投资人员的正常投资操作

9. 不为扩大产品规模牺牲产品业绩

10. 不向客户隐瞒投资风险

这份不为清单中的许多内容已在本书的各个章节中阐述过了，这里对第 1 条和第 9 条再稍做解释。

在第 1 条，安信基金选择了主动管理业务这个发展方向，放弃了被动管理业务和通道业务，也就是我们不发展完全被动的指数基金业务和 ETF，不向机构客户让渡我们的投资管理权限。从全行业角度看，这种放弃势必会给我们扩大业务规模、提升行业排名带来很大困难。但是，这样的战略选择可以让我们的资源更加集中地用于主动管理业务，把它做得更好。

在第 9 条，我们在基金规模和基金投资业绩有冲突的时候选择维护投资业绩。在长期的实践中，我们认识到，基金规模有时会与基金的投资业绩产生冲突。这或许是因为那个阶段里小股票更适合投资，每只股票能够顺利买卖而又不产生明显的冲击成本的交易额比较小，因而对单只基金的规模产生制约；或许仅仅是因为基金经理认为市场处于高估阶段，没有足够多的好股票值得去投资；又或许是因为基金经理本身的能力还不能驾驭太大的规模。总之，"规模是业绩的天敌"这句话在不少时候是成立的。当这个冲突出现时，安信基金会毫不犹豫地选择保业绩。在过去几年中，安信基金的多只基金的首发规模都控制在30亿或50亿以内，都是在听取基金经理的意见后慎重做出的决定。

"固收＋"：把可靠品质做到极致

当价值投资碰上信用价值观[①]时，我们的投资团队内部发生了化学反应，它的结晶之一就是我们享誉业内的"固收＋"产品线。

在组合管理层面，"固收＋"投资策略由三部分构成：权益仓位的投资策略，债券仓位的投资策略，以及决定每个时点权益仓位的机制。在权益仓位方面，我们坚持采用价值投资理念，自下而上精选个股，选择业绩确定性强、高分红、估值较低的优质个股作为底仓。在债券仓位方面，我们坚持采用信用价值观，不靠过度的信用下沉获取收益，仅投资利率债和高等级信用债，确保整个组合远离信用风险。在权益仓位的确定上，我们独创了"风险预算"概念，综合考虑安全垫和市场风险计算出风险预算，在这个范围内确定一个更加保守的权益仓位。

在公司管理层面，我们采取了多种措施进一步提高"固收＋"产品的可靠性。首先，我们为每只"固收＋"产品确定其权益仓位中枢，以及对应的目标收益率和最大回撤。确定的权益仓位中枢必须与对外宣传时所讲的保持一致，不得擅自变更。其次，公司为"固收＋"产品制定

---

① "信用价值观"是安信基金在债券投资方面的基本理念，它的含义就是不为清单的第5条。

了专门的考核机制，以目标收益率达成情况、胜率、最大回撤控制效果这三个指标为主衡量业绩的好坏。最后，公司风险管理部深度介入"固收 +"产品的风险管控，监控权益仓位中枢的偏离度、权益仓位"分阶到档"逐步建仓的过程与风险预算是否一致等等，对于偏离度过大或者不一致的情况及时警告和制止。

组合层面的策略和管理层面的措施，给安信基金的"固收 +"产品装上了"双保险"，真正做到了"表里如一，前后一致"，使得安信基金的"固收 +"产品业绩成为公募基金行业持续时间最久、胜率最高、回撤最小的业绩标杆。

图 7 是安信基金最具代表性的"固收 +"产品——安信稳健增值的业绩走势图。

图 7　安信稳健增值业绩走势

数据来源：Wind，安信基金
备注：本图片仅作为范例，不作为产品的宣传推介材料

类似这样的产品在安信基金内部还有很多只。除了权益仓位中枢 10% 的"安信新趋势"之外，还有权益仓位中枢 20% 的"安信稳健增

利"、权益仓位中枢 30% 的"安信稳健聚申"、权益仓位中枢 40% 的"安信民稳增长",已经形成了完整的"固收 +"产品线。这些产品因权益仓位中枢不同,目标收益率和最大回撤也不相同,但又都体现出较好的绝对收益特征和可靠品质,风险收益比相当理想,适合不同偏好的人群从中挑选自己的投资对象。

安信伴你行:寻找理念相通的投资者

投资者教育,是一个让基金公司略微显得不那么谦逊的词。它的真实目的却十分正当:那就是让潜在投资者树立正确的风险收益观并且只买入在自己风险承受能力以内的产品。树立正确的风险收益观有两层含义:第一,必须认识到风险与收益是相伴相生的,风险低的基金其收益大概率比较低,风险高的基金其收益大概率比较高。第二,如果想获得较高的投资收益率,就要做好承担较高风险的准备;反之,只有把期望的收益率降低,才有可能把承担的风险降低下来。**天下没有风险很低收益率却很高的理财产品。**抱有这种期待只会落入理财骗局。这个听起来很简单的道理在很多时候却不能被人理解和接受,因而导致许多投资失败案例甚至人间悲剧。

近十年来,公募基金行业主动赋予了投资者教育活动更加专业的内容:传播正确的投资理念和基金投资方法。盘点同行的做法,主要集中在以下几个方面:第一,传播价值投资、长期投资理念;第二,普及基金定投的理念和技巧；第三，教授基金选择技巧。这些工作极大地改变了整个基金行业和（线下）代销渠道，推动了价值投资、基金定投的普及，提高了普通基民的投资收益，改善了其理财体验，带动了基金规模的扩大和基金行业的发展。

安信基金异常重视投资者教育活动。2018 年，我们提出"打造价值投资的全价值链"这个概念，指出在公司内投资团队的任务是把组合收益创造出来，销售团队的任务则是让投资者真正享受到这些收益，这两者共同构成价值投资的全价值链，从而把投资者教育活动看作这个价值链的不可或缺的部分。我们认为，由于安信基金的投资理念非常清晰，很少有风格漂移，如果投资者能够认可我们的理念和风格，那么他大概率会更长时间地持有我们的基金或者购买我们的持有期产品，而这会带给他更好的收益体验，从而反过来使其更有可能成为我们的忠实客户。因此，我们把投资者教育活动看作寻找理念相通的投资者的过程。这中间当然少不了介绍、推广投资理念的过程，但正像巴菲特和芒格所说的，"价值投资是一个一听就懂的理念。如果一个人半小时听不懂，那么他就是听一辈子也不会懂"，所以，与其说我们是在推广、灌输价值投资理念，不如说是在唤醒客户心中的价值投资意识。这是我们使用"寻找"一词，而不是"培育"等其他词汇的原因。

我们知道能够在短时间内接受价值投资理念的人占比并不高，因此，我们把投资者教育活动的目标设定在"每百名听众里有 5 名左右接受我们的理念"，也就是 5% 的成功率。这表明，投资者教育活动是个异常艰难的活动——如果你不仅仅满足于作场热闹的报告、赢得一些掌声的话。在安信基金内部，我们把承担投资者教育职责的理财师称作"传教士"：这必须是一群为了传播信仰而百折不挠的人，必须是一群历尽千辛万苦也要把信念传遍四方的人。

我们在公司内部设立了"首席理财师"职位，首席理财师必须具备足够的专业能力来开发投教活动的标准讲义，并负责培训公司的所有理财师。2018年以来，我们陆续开发了名为《时光相伴，价值同行》的股票投资的投教讲义，以及《资产配置，大道至简》的"固收+"产品的投教讲义；公司内所有的理财师都要接受培训，并进行通关演练，通过测试的理财师才有资格到外部公开讲授相关内容。

三年来，我们在合作紧密的几家银行渠道和券商渠道进行了数以百计场次的投教活动，现场接受培训的理财经理达到两万余人次，算上通过视频参加培训的人员就更多。通过这些理财经理的不懈努力，安信基金的投资理念得到了广泛的传播和认同，我们的"安信伴你行"系列投教活动也树立起了自己的品牌。

附录二
价值投资推荐书目

我把这些书分为四类，以提高大家读书的目的性。

一、打牢价值投资的知识基础

1. 本杰明·格雷厄姆：《聪明的投资者》（原书第 4 版），王中华、黄一义译，人民邮电出版社，2010 年 8 月版。

2. Seth A. Klarman: *Margin of Safety: Risk-Averse Value Investing Strategies for the Thoughtful Investor*, Harper Collins Publishers, 1991，10.

3. 彼得·林奇，约翰·罗瑟查尔德：《彼得·林奇的成功投资》，刘建位、徐晓杰译，机械工业出版社，2009 年 4 月版。

4. 约翰·聂夫，史蒂文·明茨：《约翰·聂夫的成功投资》，吴炯、谢小梅译，机械工业出版社，2017 年 9 月版。

5. 菲利普·A. 费舍：《怎样选择成长股》（第二版），冯治平译，地震出版社，2013 年 1 月版。

6. 弗雷德里克·科布里克：《大钱——挑选优秀成长股的 7 条法则》，刘强、周佳译，中信出版社，2009 年 11 月版。

7. 劳伦·C. 邓普顿，斯科特·菲利普斯：《邓普顿教你逆向投资——牛市和熊市都稳赚的长赢投资法》，杨晓红译，中信出版社，2010 年 10 月版。

8. 大卫·F. 史文森:《机构投资的创新之路》,张磊、杨巧智、梁宇峰、张惠娜、杨娜译,中国人民大学出版社,2015 年 4 月版。

9. 霍华德·马克斯:《投资最重要的事》,李莉、石继志译,中信出版社,2015 年 9 月版。

10. 约翰·博格:《共同基金常识(10 周年纪念版)》,巴曙松、吴博等译,北京联合出版公司,2017 年 8 月版。

二、建立投资的历史观

1. 杰里米 J. 西格尔:《股市长线法宝》(原书第 5 版),马海涌、王凡一、魏光蕊译,机械工业出版社,2015 年 1 月版。

2. 艾莉丝·施洛德:《雪球:巴菲特传》,杨美龄、廖建容等译,天下远见出版股份有限公司,2008 年 12 月版。

3. 约翰·罗斯查得:《戴维斯王朝——五十年华尔街成功投资历程》,胡雍丰、傅晶译,东方出版社,2005 年 8 月版。

4. 伯顿 G. 马尔基尔:《漫步华尔街》(原书第 11 版),张伟译,机械工业出版社,2018 年 1 月版。

三、树立正确的投资行为观

1. 彼得·林奇,约翰·罗瑟查尔德:《彼得·林奇教你理财》,宋三江、罗志芳译,机械工业出版社,2018 年 7 月版。

2. 查尔斯·埃利斯:《长线:资金集团的成功之道》,吴文忠、吴陈亮等译,中信出版社,2007 年 1 月版。

3. 杰克 D. 施瓦格:《市场真相:看不见的手与脱缰的马》,林静容、徐东升、潘禹辰译,机械工业出版社,2018 年 3 月版。

四、价值投资在中国

1. 邱国鹭:《投资中最简单的事》,中国人民大学出版社,2014 年 10 月版。

2. 李杰:《股市进阶之道:一个散户的自我修养》,中国铁道出版社,2014 年 4 月版。

3. 李录:《文明、现代化、价值投资与中国》,中信出版集团,2020 年 4 月版。

4. 段永平,雪球用户:《段永平投资问答录》(商业逻辑篇、投资逻辑篇),雪球专刊,浙江出版集团数字传媒有限公司,2020 年版。

关于股票类投资的 20 道测试题答案

1. D	2. B	3. A	4. B	5. D
6. C	7. C	8. D	9. B	10. B
11. D	12. C	13. D	14. A	15. C
16. C	17. D	18. C	19. B	20. C

后 记

POSTSCRIPT

促使我动笔写这本书的因素有三个：第一，我的同学大磊所遭遇的投资失利，让我深深体会到了在投资领域"授人以渔"的必要性和巨大意义，"写一本献给基金投资者的书"的念头由此而生。第二，我在一次次地会见各家机构客户和代销渠道负责人时，每次讲到安信基金的投资理念和管理做法，对方都很感兴趣，但由于时间所限，每次都无法谈透，这让我产生了就这些问题整理出一本书的想法。第三，2021 年是安信基金创立十周年，做一些总结和提炼，算是献给公司十周岁生日的一份薄礼！

2019 年 12 月份开始动笔，不久后百年一遇的新冠肺炎疫情暴发，那个春节以及随后在家办公的日子给了我写作的良机，前面三章就是在那期间完成的。2020 年成长风格继续主导 A 股市场，安信基金的价值投资风格再度进入逆风期，投资业绩排名和业务规模排名两方面的压力都很大，我只好放下书稿的事情，把全部精力都用于公司经营管理。这期间，我对市场、对投资理念、对经营管理思路都有很多思考，这些思考多数都以各种方式和公司的同事们做了交流，有些想法被整理成了文字，构成了本书第七章和第八章的部分内容。经历市场风雨洗礼之后，我们对于自己是一家什么样的机构，应该坚持什么样的投资理念，不应该去做什么事情等问题都有了更加清晰而坚定的看法。到2021年年中，公司的"固收+"业务声誉鹊起，权益投资方面稳健持续的业绩也得到了市场上主流代销机构的认可，各项业务发展相对顺利，我终于又能腾出业余时间重新把笔捡起来，继续写作。2021年中秋节和国庆节给了我相对充裕的时间，终于把全书杀青。

在写作本书的近两年时间里，A股市场经历了明显的指数上涨，投资者关注的焦点问题也有明显变化，我不得不重写了部分章节。回顾两年前写的文字，我欣喜地体会到，我对价值投资理念的笃信更加坚定，对一些具体问题的看法更加深刻、更加到位了。

本书的"投资实践篇"里提供了大量的数据，这些数据中有相当一部分来自公司内的理财师队伍。这支队伍是在2018年第四季度由我亲自倡导组建的，我还亲自带着他们逐本学习了十几部价值投资名著。在这个基础上，我让他们对A股市场和基金行业的数据做了系统整理和分析，验证了价值投资理念在我国证券市场的强大生命力和显著优势。正是在这些分析的基础上，他们开发出了安信基金独具特色的投资者教育讲义《时光相伴，价值同行》。在本书定稿前，我请首席理财师胡颖对书中的数据做了最后的更新。在此对他的辛苦付出表示感谢！

由于公募基金的特殊性，在本书付梓前，我邀请公司总裁助理王卫峰对全文进行合规审查，他认真通读了书稿，给了我非常具体而且有价值的建议。此处一并表示感谢！

深圳广电集团的谈浩渊先生，海天出版社的魏甫华副社长、韩海彬主任对本书的出版给予了不少关心和支持。没有他们的悉心帮助，本书不一定能够这么快地与读者见面。在此对他们表示感谢！

为了撰写本书，我把过去两年里几个长假的时间几乎都挤占完了。

没能多回老家探望母亲，也没能多陪家人出去度假。我想借此机会，表达对他们的歉意！正是因为有他们的理解和支持，我得以在工作之余安心写作，本书才能够顺利面世！

由于我本人的水平和眼界所限，本书中一定存在谬误和疏漏之处。请各位读者不吝指正！所有文责均由本人承担。

是为后记。